为天地立心，为生民立命，
为往圣继绝学，为万世开太平。

——〔北宋〕张载

LAOZI DE SHIJIE
CHUANTONG WENHUA SHI GUAN

老子的世界

传统文化十观

刘 武 / 著

浙江人民出版社

图书在版编目（CIP）数据

老子的世界：传统文化十观 / 刘武著. — 杭州：
浙江人民出版社，2024.4
ISBN 978-7-213-11408-3

Ⅰ. ①老… Ⅱ. ①刘… Ⅲ. ①《道德经》—研究
Ⅳ. ①B223.15

中国国家版本馆CIP数据核字（2024）第055495号

老子的世界——传统文化十观

刘武 著

出版发行：浙江人民出版社(杭州市体育场路347号　邮编　310006)
　　　　　市场部电话：(0571)85061682　85176516

责任编辑：莫莹萍　　　　　　　　营销编辑：陈雯怡　陈芊如　张紫懿

责任校对：姚建国　　　　　　　　责任印务：程　琳

封面设计：厉　琳

电脑制版：杭州天一图文制作有限公司

印　　刷：杭州广育多莉印刷有限公司

开　　本：680毫米×980毫米　1/16　　印　　张：15.75

字　　数：180千字　　　　　　　　插　　页：2

版　　次：2024年4月第1版　　　　印　　次：2024年4月第1次印刷

书　　号：ISBN 978-7-213-11408-3

定　　价：68.00元

"我们党勇于进行理论探索和创新，以全新的视野深化对共产党执政规律、社会主义建设规律、人类社会发展规律的认识，取得重大理论创新成果，集中体现为新时代中国特色社会主义思想。"这里的"全新的视野"指的是什么？"全新的视野"是世界视野、历史视野和科学的辩证视野的高度统一。全新视野下的中华优秀传统文化是"中国人民在长期生产生活中积累的宇宙观、天下观、社会观、道德观的重要体现，同科学社会主义价值观主张具有高度契合性"。

对全新的视野下的宇宙观、天下观、社会观、道德观的深刻认识必须同中华优秀传统文化相结合。纵观中国几千年的文化思想流变，不难看出中国先民在先秦时代就已经形成了完备成熟的世界观和方法论，集中体现在老子的《道德经》一书中。如果把《易经》视为"万经之首"的话，那《道德经》可以称为中国古代的"群经之峰"。

中国文化源远流长，中华文明博大精深，只有全面深入了解中华文明的历史和文脉，才能做到古为今用，更有效推动中华优秀传统文化创造性转化、创新性发展，并有力推进中国特色社会主义文化建设，建设中华民族现代文明。

德国哲学家卡尔·雅斯贝斯在《历史的起源与目标》一书

中，第一次提出了"轴心时代"的概念，他把公元前500年前后在中国、古希腊、中东和古印度等地区同时出现人类文化重大突破的时期称为"轴心时代"。这一时代诞生了苏格拉底、柏拉图、亚里士多德、释迦牟尼、老子、孔子等诸多伟大的思想家。生活在这一时代的伟大思想家老子为我们留下了《道德经》这部旷世奇书，它是中华优秀传统文化宝库中的一朵奇葩，深刻影响了两千多年来的人类历史，也必将深刻影响未来人类社会的文化走向。

正所谓"横看成岭侧成峰，远近高低各不同"，两千多年来，多少有志之士秉持立言、立功、立德"三不朽"的价值追求，深入学习研究《道德经》这部经典，形成了不同的学习版本，为推动《道德经》的研究付出了艰辛的努力。在新的起点上，继续推动文化繁荣，建设文化强国，建设中华民族现代文明，是我们在新时代的文化使命。在《道德经》面世两千五百多年后的今天，我们正处在实现中华民族伟大复兴的伟大征程中，结合时代特点和要求，阐释好老子《道德经》的思想价值，汲取其思想精髓，实现创造性转化、创新性发展，对于创造属于我们这个时代的新文化，建设中华民族现代文明意义非凡。

对老子思想的理解必须回到《道德经》本身，必须基于一个基本的原则，那就是大道是本原、本体和本性的三位一体，这是理解老子大道世界的基本立足点、出发点。同时，对老子大道思想的理解必须基于三个方面的结合，必须与老子所生活的时代背景相结合，必须与《道德经》上下文和前后文相结合，必须从形而上而不是形而下的维度来阐释《道德经》。老子的大道思想除了阐述大道本原、大道本体和大道本性外，他还在《道德经》一书中以大量篇幅强调了大道之用，在为政、教化、战争、修身等方面提出了圣人之治和君子之治，这为政府官员和天下百姓提供了"处无为之事，行不言之教"的大道智慧。

　　作为浙江红船干部学院的老师，深知中华优秀传统文化在弘道化人、经纶世务、定国安邦中的价值和意义。从20世纪90年代开始，我就开始关注并学习博大精深的中华优秀传统文化，经过十余年的积累和努力，终于写出这部《老子的世界——传统文化十观》，希望它能为传承中华优秀传统文化、赓续中华文脉贡献一份绵薄之力。

第一章 老子的大道世界

《道德经》说了什么

可以说的『非常道』

可以名的『非常名』

大道究竟是什么样

大道，也称为天道、道。"天"是周朝的至高崇拜对象，老子在"天"的思想基础上发展了"道"的思想，是为"天道"。老子的大道世界是什么样子的呢？他在《道德经》一书中提出了诸多概念，首先提出了"道""有""无"等概念以理解大道。在《道德经》第一章，老子是这样论述的：

"道可道，非常道；名可名，非常名。无名天地之始，有名万物之母。故常无欲，以观其妙；常有欲，以观其徼。此两者，同出而异名，同谓之玄。玄之又玄，众妙之门。"

天下大道可以说，但说出来后就不是原来那恒常的道了。天下万物可以命名，但命名之后就不是原来那恒常的名了。空无是世界的本原，空有是万物的开端。所以，我们常从万物有、无的辩证统一中了解万物的奥秘。有和无是大道的一体两面，出处相同而名称不一，玄而又玄的大道是了解天下万物的奥秘所在。

老子的大道世界到底包含哪些内容？纵观《道德经》一书，老子提出的"道"主要有三个方面的内涵：大道本原、大道本体、大道本性。此外，老子还提出了大道之用——圣人之治。

一

《道德经》说了什么

　　我们之所以推崇老子和《道德经》，主要是因为《道德经》中蕴含着古圣先贤的无穷智慧，这种智慧的直接来源是老子之前古圣先贤的智慧的积累和思想的凝聚升华。《道德经》可以说是上古到先秦时期思想的集大成，而在这一思想集大成的经典中处处体现着老子的原创性贡献和智慧。老子提出了包括宇宙观、天下观、社会观、道德观、辩证观、运动观、政教观等诸多基本原理。其所提出的诸多原创性观点为后世所接受和传承弘扬，在儒家、墨家、道家、法家、兵家、阴阳家、纵横家等诸子百家的思想中有着诸多体现。所以，可以称《道德经》为"诸子百家之圭臬"。

　　《道德经》所阐述的"道"是纯而又纯的道，是形而上的道。《道德经》所研究的对象是宇宙自然天地间的世界，因而其诸多基本原理必然带有普遍性和永恒性，这是《道德经》的智慧和其他人类智慧不一样的地方。

　　远古时期，社会上存在着对上天的崇拜和敬仰。到了上古时期，老子把百姓崇敬上天的观念逐渐世俗化，发明了"天道"思想，简称为"道"。到了后世，中国古代思想家进一步把"天道"思想发展为"天命"思想。宋代，程颐、程颢发展了"天理"思想。明代，王阳明认为天理即良知、仁心。近代梁漱溟先生认为天理的"理"包括两个方面，一个方面是互不相通的物理，另一个方面是可以相通的义理、情理，如仁、义、礼、智、信、忠、恕、节、中、和等观念、思想、主张、价值观等。中国古代对"天"的崇拜思想一步一步世俗化，这是中国区别于西方国家，整体来看成为一个具有无神论传统的国家的主要原因之一。

在远古信仰世俗化的过程中，老子的贡献可谓厥功至伟。老子的大道思想阐述了人与社会，以及世界的本原和归宿等问题，使古人对上天的原始信仰逐渐转向思辨哲学，把中国上古时期对天、天帝的原始崇拜进一步发展成天道思想，并以此为核心建立了一整套系统的哲学体系，这集中表现在老子的《道德经》一书中。

老子认为大道是本原、本体和本性的三位一体。道有三个层面的含义：第一层是关于世界本原问题的探讨，老子提出了大道的本原；第二层是大道的本体，也就是大道化生的天地万物；第三层是大道的本性，是大道本体及其在运动、变化、发展过程中所蕴含的规律特性。此外，还重点阐述了大道之用——圣人之道和君子之道。老子所谓的圣人是指上古时期有道的最高统治者，循大道治理天下的三皇五帝是老子常说的圣人。我们一般以燧人氏、伏羲氏和神农氏为三皇，以黄帝、颛顼、帝喾、尧、舜为五帝。他们是上古时期遵循天道而行的有为君主，是被老子称为圣人的有道之人。

《道德经》一书特别阐述了道的本原，也就是我们所说的宇宙万物的根源和归宿，这是大道思想不同于其他思想的最本质特征。上古时期的人们崇拜天、天帝，老子称世界的本原、本体和本性为"道、天道"，而和老子同时代的孔子称之为"天命"。从天道和天命这两个名称来看，老子和孔子对宇宙世界的认识和命名都深受上古时期对天、天帝的崇拜的影响。

《道德经》特别阐述了道之为道的特性和运行规律。道的特性是无始无终、周行不殆，是永恒、永动、永远的存在。相对于短暂的人生，大道是无限的，相对于大道来说，人生是有限的，以有限的人生来认识无限的大道基本上是不可能的，所以老子特别提出，他的话是"强为之言"，勉强地说说。

在关尹的要求下，老子勉强阐述了这个道，这个必然中的偶然之为成就了在中华民族历史上流传千古并影响世界的一部经典——《道德经》。中国古代有立德、立功、立言"三不朽"之说，老子确实也有把他对大道的所学所悟传诸后人的念头，但因有"不为主而为客"的思想的指导，所以他有所为有所不为，有所为但为而不争。在留下了五千言之后，老子潇潇洒洒，与红尘做伴，西出函谷关不知所终。

老子认为，大道有具体的表现，符合大道的表现是为"德"，完全符合大道的是为"孔德"，有时候被称为"玄德"。"孔"是大、至大的意思，"孔德"就是最大的德。在《道德经》第二十一章，老子如此描述大道之德，可帮助我们从三个维度来认识天下大道：

> 孔德之容，惟道是从。道之为物，惟恍惟惚。惚兮恍兮，其中有象；恍兮惚兮，其中有物。窈兮冥兮，其中有精；其精甚真，其中有信。自古及今，其名不去，以阅众甫。吾何以知众甫之状哉。以此。

老子发明了一个"德"的概念与"道"相匹配。德者，得也，德是人之为道的德行。对上段文章的理解是：大道在不知不觉、无声无息中化生天地万物，在若有若无中产生万象，在惚兮恍兮中具象为万物，在若隐若现中显示出万物的精气神。

万物的这个"道生之，德畜之，物形之，势成之"的过程和结果就是德。万物具有生命精气，这是确定无疑的。从古到今，万物都以大道为依据，而大道也从没远离过这个世界。我凭借什么来知晓万物的本原呢？就是依靠大道。

大道存在于万物之中，是"大而无形，大音希声，道隐无名"的存在。常人不可能直接认识大道，必须借用大道的表现来认识、理解。老子认为若有若无、惚兮恍兮的道是不容易认识的，"迎之不见其首，随之不见其后"。照今天的我们来理解，所谓"形而上者谓之道，形而下者谓之器"，人们对于大道是"日用而不觉"，大道存在于人的抽象思维之中，没有大道意识也就不知大道的存在。

为加深对大道的认识和了解，老子在《道德经》第二十一章提出了"德"的概念。道存在于宇宙中，大道化生万物，化生的表现形式是为阴阳之气。阴阳之交，乃生万物，万物就是"形而下者谓之器"的器，是大道的本体，而"德"是大道的主要表现形式。对"德"的狭义理解是"人之为道"的"德行"。

但是仅仅一个"器"还不足以表现德的全貌。德用器来表示，可以有有形之器，也可以有无形之器。器也就是物，指的其实就是宇宙世界的客观存在。对人来说，宇宙世界这样的一种客观存在具有相当大的不确定性，是一种若隐若现、似有似无的状况，人们看不见、听不到、摸不着、触不得。在宇宙世界的若隐若现、似有似无中，人们只有经过抽象的思维才能感觉到生成万象的大道。

在《道德经》一书中，老子对道的把握可以分成三个层次，第一个层次是大道本原，第二个层次是大道本体，第三个层次是大道本性。

第一个层次是大道本原。大道本原是大道自在、自有、自永的存在，是宇宙万物的总依据、总根源。大道化生万物，万物就是大道的本体。关于世界本原的问题，老子的思考似乎又更加深入一层，提出了化生万物的大道概念。《道德经》第六章提出了"玄牝"的概念，老子认为万事万物包括天地宇宙都有一个总根源，这个"绵绵若存，用之不勤"的总根源就是"玄牝之门"，我们称之为"天地根"。

对于宇宙世界，哲学的首要命题就是认识宇宙的本体，依据宇宙的本体所形成的认知称为本体论。古人有的认为，宇宙世界统一于物质，物质是标志客观存在的哲学范畴；有的认为，宇宙世界统一于精神，是某种绝对精神的产物。这样就产生了物质和精神谁为第一性、谁为第二性的认知分野，就有了唯物主义和唯心主义之别，这一分野是因对大道本体的不同认识而产生的两端。

第二个层次是大道本体。《道德经》第二十一章阐述了作为本体的大道与其化生的天地万物的关系，称"道之为物，惟恍惟惚"。大道本体也被称为"天地之道"，天地万物的运行有规律，天地万物运行的规律也有自己的本体，那就是天地万物本身，天地万物本身不等同于作为全部本体的道，因为天地万物是大道化生出来的。道化生了天地万物，在天地万物中给人的感觉就是若有若无、惚兮恍兮的样子，在若有若无、惚兮恍兮中产生了万象。可是这样的象实在是难以捉摸，属于大而无形，大音希声，阴阳莫测，变化无常，迎之不见其首，随之不见其后。

大道是这样的深奥莫测，在若有若无、惚兮恍兮中化生万物，而呈现在人们眼前的万物万象是真实可信的，看得见、摸得着、闻得到、听得清的。大道既已化生万物，人们所见到的就是具体的形象，人们在不知不觉中已经忘记了大道的存在，这就是常说的"百姓日用而不觉",这就是大道的奥妙。

万物万象在大自然中的存在,从人的感官来看,形状是千姿百态,颜色是五颜六色,味道有酸甜苦辣。实际上在颜色、形状、味道等人的感觉之外,万物万象蕴含着大道的存在,可是人们在生活中只停留在事物的表面、物欲的感觉中,而对大道的存在浑然不知,可以说离具体的物越来越近,离高深的道也就越来越远。

大道化生万物,万物是象、物、精三位一体的存在。所谓象,就是外在的形象、外在的状态、外在的样子。从人类有了思维,尤其是创造了文字以来,人们就给已经能碰及的天地万物的存在冠以名称,给江河湖海里的游物、天上的飞鸟、地上的草木虫鱼等一切命名。宇宙万物在人的听觉、视觉、嗅觉、味觉、触觉诸感觉中的存在就是象。化生的万物也有自己的本体,万物本体生活在四维空间中,我们称之为"物",物往往与体相结合,我们称之为"物体"。世界上所有的物体都生活在四维空间中,从某种程度上来说,每一物体所占据的四维空间就是一个小小的宇宙。

物体和运动是密不可分的,世界上所有的运动都是物体的运动,没有脱离物体的运动,也没有脱离运动的物体,可以说运动性是物体的本质属性。所有物体的运动都有着外在的条件和内在的动力,两者相辅相成,相互影响,其内在动力的外在表现我们称之为"精",有的也叫"精神",有的也叫"精气神"。所有有生命的物体都是精、气、神的完美统一,而所有的物都是象、物、精的一体。

第三个层次是大道本性,也就是大道化生万物本身和万物在运行变化中所表现出来的特性和规律性。这种特性和规律性包括有无之道、阴阳之道、变化之道、强弱之道等,其中有无之道是大道的最本质的特性，贯穿于一切事物存在、运动、发展、变化的始终。

在《道德经》中，老子还重点谈到了大道的应用。大道之用集中体现在圣人之道上，圣人之道也就是治道。老子推崇上古时期的三皇五帝，常把他们当作圣人的典范。古代认为帝是天人合一的化身，在上贯通天，在下联通人，代表天的权威、行使天的职能，老子把遵循大道治理天下的最高统治者称为圣人。

"帝"是商朝和商朝以前就有的称呼，有时候也称为"上帝"，这些都是在商朝甲骨文中就已经有的成熟的称呼。中国目前已发现约15万片的商朝甲骨，中国社会科学院历史研究所1978—1982年编辑的《甲骨文合集》收录了有字甲骨41956片，其中被认为指主宰神的"帝"出现有600余次。我们有充分的理由相信，商朝时期的"帝"是"上帝"的简称，是远古时期"上"的衍生和发展。

老子认为，世界万物都是象、物、精的统一，人之为人，人作为物的存在也是象、物、精的一体。人的"象"是人类与他类的不同，是人的自然属性与他类的自然属性的差异。人的"物"是人的社会属性作用于自然属性之上、在四维空间里的存在特性。人之所以为人，其根本的特性在于其"精"。

我们可以把世界万物分成生命体和非生命体，就是有生命的物质和无生命的物质，是否有"精"就成了有生命物质和无生命物质的重要区别。作为万物之灵的人，则是精、气、神的统一，我们称之为人之三宝。人和人之间的最大区别并不在于外在的形象，而在于内在的精、气、神，而这一种精、气、神，具有"真"和"信"的特性，也就是老子所说的"其精甚真，其中有信"。

自古到今，我们都在讨论大道的永恒，大道是自在、自有、自永的存在，具有永恒的特性、运动的特性。探讨大道对人的价值意义也是人类历史的永恒主题，只要有人类的存在，对大道的认识和讨论就会一直持续下去，哪怕未来人类不存在了，大道也将永恒地存在下去。

世界万事万物纷繁复杂。人是有限的，以人生的有限去认识宇宙世界的无限基本上是不可能的。但这却很有必要。那怎么办呢？我们唯有认识大道，通过大道认识事物的本原、本体和本性，从大道本原出发去认识这个宇宙世界，才能有助于我们真正了解这个世界。

运动特性是大道的本质属性之一，认识了大道的运动特性，我们才能区别于一般的动物而能够了解过去的历史，能够知晓当今的现实，能够预测人类社会发展的未来。万物芸芸，唯有把握万物之道方能把握万物之根本，才能够认识过去、把握现在、洞见未来，这就是大道的奥妙之用和认识上的价值所在，从而有助于指导我们了解生命的真谛、内涵和价值。

二

可以说的"非常道"

"道可道，非常道。"老子的思想要对世人、后人产生启迪，所以他还是勉强地把这个道阐述了一下。老子阐述之前特别谦虚地说明了"道可道，非常道"之道，也就是说，道本来是不可说的，一定要我说，不一定说得清楚，勉强说出来了，也未必是真正意义上的道。

老子在这里说的道，不管是本原意义上的道，还是天地万物的运行规律之道，还是圣人之治道，还是上士、君子要遵循的"善"道，都是"独立不改，周行而不殆"的客观之道。当人以主观意识、组织语言述说道的时候，道就已经不是原来的那个意思了，这就是"道可道，非常道"。关于这点，我们可以从道的几个层面来理解。

老子认为，道的第一个层面是关于世界的本原。关于世界的本原的问题是人之为人就一直在思考的问题。世界本原是什么，这不是一般的问题，哪怕是人类历史上最睿智的哲人先贤也都难以轻易了解世界的本原。世界是什么？按照中国古人的说法，我们生活在大千世界之中，这个大千世界有时候也被称为"三千世界"。

众所周知，我们生活在一个被叫作"地球"的天体上，这个天体在自转的同时还围绕着太阳公转。深受太阳引力影响而围绕太阳运转的星体和太阳这个恒星本身，我们总称为"太阳系"。那么，什么是三千世界？中国古人把由一千个太阳系构成的宇宙世界称为"小千世界"，由一千个小千世界构成的宇宙世界称为"中千世界"，由一千个中千世界构成的宇宙世界称为"大千世界"。所谓三千世界，是对小千世界、中千世界、大千世界的合称，有时候也把三千世界统称为"大千世界"。

世界是如此之大，何况产生这个大千世界的本原和归宿呢？人在大千世界中渺小如一颗尘埃、一个原子，仅仅从空间范围来看，人不可能认识这个世界，因而也就不可能认识世界本原。

从时间范围来看，宇宙也是"深不可识"。依据人类的研究，地球已经存在了约四十六亿年，还将有五十亿年的存在时间。人出现在这个世界上也只有短短的几百万年时间，相对于宇宙世界来说也只是一瞬间，想要一瞬间就认识、了解这个宇宙大道，逻辑上来说也是不可能的。

中国古代有"夏虫不可语冰"之说，生长在夏天的虫子，它们之中生命周期短的只有几个小时，有的有几天的时间，长的也只有几个月的时间。到了秋天，虫的生命就轮回过去了。夏天的蚊虫见不到冬天的景象，怎么能了解冬天，诉说冬天的故事呢？所以老子说天下大道"深不可识"。

老子所说的道的第二个层面指的是大道本体，是我们常人所能感知的天地万物。人本是天地万物中的一种生命，虽然这种生命和其他生命相比较有其独特之处，我们称人是万物之灵，但这种生命在天道面前和其他生命毫无二致。有三者是人永远了解不了的，那就是头顶上的天空、脚下的大地和人本身，对这三者的认知追寻和了解是人类永恒的主题。所以，以有限的人类历史和个体生命来了解大道本体、了解我们所处的宇宙世界，所得知的也只能是非常肤浅的，难以触及天地之道的真和信。

好在老子给了我们一把认识世界本体、天地之道的钥匙，那就是"人法地，地法天，天法道，道法自然"。几千年以来，人类仰观日月，俯瞰大地，逐渐开启了认识宇宙世界的进程。在对宇宙万物认识的积累中，人类逐渐建立了宇宙观、天下观、社会观、人生观和价值观。

人类的历史经验告诉我们，现存的任何一种宇宙观、世界观都是从对前人宇宙观、世界观的否定和传承基础上而来。那么问题来了，未来人类的宇宙观、世界观会不会否定我们今天的宇宙观、世界观呢？答案是肯定的。所以从这个方面来说，我们对当今世界的认识，对道的认识也是不够完全、不够科学、不够真实的，今天所说的道也未必是真实的道，完全是"非常道"。

正所谓"三人行，必有我师焉"，在同一时代的人们是可以相互参照学习的。别人的成功自有其成功之道，但别人的成功之道能够成为我们的成功之道吗？现在看起来，别人的成功之道有可借鉴的地方，但绝不可能成为他人的成功之道。因为任何一种成功之道，必有支撑其成功的条件。当条件发生变化、时空发生转移后，你所要学习的别人的成功之道已经不是原来的那个道了。

依据我们有限的知识，我们知道人类已经经历了农业文明时代、工业文明时代，现在逐步进入信息文明时代。农业文明时代和工业文明时代在宏观意义上的道是相同的，但是微观意义上的道却完全不同。我们不能用农业文明时代的思维来思考和处理工业文明时代的问题。在农业文明时代，量的增加比较难，因此可以出现大鱼吃小鱼的现象。工业文明时代，讲求的是质量和速度，因此会出现快鱼吃慢鱼的情况，这就是条件发生了变化，这个条件就是人类所处的四维空间中的时间条件。

同样一件事情、同样一种情况在不同的条件下会有不同的结果。以给最高统治者进言为例，历史上往往会出现一些直言之臣，但是朝代不同、对象不同，直言的结果是不一样的。当遇到明君的时候，直言不讳或许能够得到褒奖。唐朝初年，唐太宗李世民之于谏官魏征就是这样一种情况。但是在商朝末期，商纣王朝廷上的大小直谏官员没有不遭受处罚的，甚至连商纣王的叔叔比干也因为直言不讳被商纣王处以极刑，这也是"道可道，非常道"的道理使然。

老子所说的世界本原的道，超越了极具局限性的人的世界。世界本体的道可以称为宏观层面的道，而老子所说的治道和人道可以称为微观层面上的道。微观层面上的道也是不可说的，即便说出来也不是原来的那个道。比如说，一个学生如果他学习好、态度好、形象好，我们称之为好学生。但是不要因为他是一个好学生就认定他将来一定是个好丈夫（好妻子）、好员工、好领导，因为这几个不同的好属于不同的道。不同的事没法用同样一个"好"来定性，这就是发生在同一个人身上的此道和彼道的不同，两者不能混为一谈。

在上例中，同样一个"好"字用在学习方面或许是对的，用在其他方面却未必对，这也是"道可道，非常道"的道理使然。西方有一句谚语说"一千个读者就有一千个哈姆雷特"，中国古诗文也有"横看成岭侧成峰，远近高低各不同"之说。在上午，一座山峰迎着太阳的那一面是阳面，到了下午，上午迎着太阳的一面却变成了阴面，阴阳是可以相互转化的，所以道既是永恒的也是变化的。以有限的人来认识无限的道、以静态的人来认识变化的道，所知也一定相当有限。如果一定要认识道、一定要说道，必定会变得非常之勉强了，此所谓"道可道，非常道"。

可以名的"非常名"

名可名，非常名。老子认为天下万物生于有，有生于无。"万物负阴而抱阳"，阴阳交合，三生万物。世间万物，本来无名，自然而已。在万物之中有一种灵长类动物——人类。人类作为万物之灵先后给世界万物命名，因此世界万物就有了名称。

上古时期，人们已经能够结绳记事。黄帝轩辕的史官仓颉"生而齐圣，有四目，观鸟迹虫文始制文字以代结绳之政"，也就是说，仓颉依鸟迹虫纹之形创造了最古老的文字。

仓颉造字是上古时期的伟大成就，《淮南子》称"昔者仓颉作书，而天雨粟，鬼夜哭"。中国古人发明了六种造字之法，分别是象形、会意、形声、假借、转注和指事。有了六种造字法，万事万物随之就有了各自的名称。

老子所说的"名可名，非常名"又是什么意思呢？大道化生万物，万物始之无名。一旦给天下万物命以名称，在某种程度上也就使万物失去了之所以成为万物的其他称呼，也就是说，给万物命名具有排他性，具有独特性。宇宙间万事万物不仅相互联系，而且相互转化，这就意味着固定的名和运动的万物是不相匹配的。事物一旦经过人手就有了社会性，有了社会性也就逐渐丧失了其自然性。天下万物在自然性的基础上可以被赋予社会性，在社会性的基础上可以实现社会性的转化。以沙子来看，沙子是自然界中一种常见的物品，这种物品一旦被命名为沙子，则"沙子"不能用于他物之命名。

沙子的名称也不是一成不变的，它的主要成分是二氧化硅，二氧化硅被加热到高温之后可以用来制作玻璃。玻璃经过加工可以做成玻璃杯子或者其他物品，因而也就有了其他名称。所以物品的形态不一样，名称也各不一样，这就是"名可名，非常名"。

老子笔下"道"的名称也是"非常名"，在《道德经》一书中，关于"道"的说法有十多种。《道德经》第六章中的"谷神不死，是谓玄牝"中的"谷神"、第十章中的"载营魄抱一"和第二十二章中的"圣人抱一，为天下式"中的"一"、第二十章中的"我独异于人，而贵食母"中的"食母"、第二十五章中的"吾不知其名，字之曰道，强为之名曰大"中的"大"、第二十六章中的"是以圣人终日行不离辎重"中的"辎重"、第三十五章中的"执大象，天下往"中的"大象"，都是"道"的别称，也就是道的"非常名"。

一个人出生之后自然有父母、家人给他取名字，一开始取的是乳名，到派出所报户口的时候，要有一个正式的名字。当这个孩子长大成年之后，从事了不同的行业就又有了不同的称呼，有的被称为老师，有的被称为师傅，有的被称为医生，有的被称为先生。对于同一个人而言，在不同的场景下会有不同的名称，这也是"名可名，非常名"。

宇宙世界的本原在于空有和空无。空无是天地万物的初始，空有是万物产生的本原。知道了事物的本原才能把握事物的根本。常怀空无之心就能顺应大道，做到无知无欲。做到无知无欲才能把握大道的奥妙。常怀空有之心就能认识事物的本原，就能把握事物的初始和边界。空有和空无是大道的一体两面，出处一致而名称各异。大道的空有和大道的空无，玄妙幽深，看起来玄而又玄的万物本原，是我们认识世界、了解宇宙万物的开端，是为"玄之又玄，众妙之门"。

四

大道究竟是什么样

大道究竟是什么样子？老子认为大道是自在、自有、自永的永恒存在。《道德经》第六章这样描述大道的自在、自有、自永的永恒性。

谷神不死，是谓玄牝，玄牝之门，是谓天地根。绵绵
若存，用之不勤。

大道生生不息，如同玄妙的母性之门。玄妙的母性之门生
长出万物，是天地万物的总根源，使生命绵绵不绝，永无止境。

大道像幽深的山谷一样，生生不息、永无止境、永不停息，
这就是大道最玄妙的母性。大道之于万物如雌性动物的生殖器
之于动物，万物因此而化生。大道如母性之门生长万物，是天
地万物的总根源。天地之门，你看不见、摸不着，却是长久的
客观存在，它的存在源远流长，它的功用用之不尽。

《道德经》开篇的"道可道，非常道；名可名，非常名"，
说的是大道并不是用一个名称就能够表达出来的，大道化生万
物，又存在于万物中。所以在不同的语境下，可以用不同的语
言来表达大道的含义。在《道德经》中，老子经常用"谷神"
来指代大道。

老子用"谷神"来指代大道，带有一定的比喻意思。这里
的谷不是稻谷，而是山谷的谷，取山谷幽静、深邃、博大之意。
虚空的山谷有着空无和空有的特性，包罗万象，在万象中化生
万物，所以老子常用"谷神"来代指大道，是为"谷神不死"。
所谓不死，指的是生命的绵绵不绝。自古至今，山谷从来都是
空虚的，但从来又不空虚。山谷里面的生命一代接着一代，绵
绵不绝，没有穷尽，是为不死。

世界上有生命的物体都是由本体和神体构成，这也就是老
子所说的"载营魄抱一"。如果把山谷称为本体，山谷的生命则
为神体，神在古代中国有着诸多方面的含义。孔子问道于老子
后，孔子弟子问他见到老子之后的感受，孔子形容老子犹如神
龙。神龙是什么？就是变化莫测，见首不见尾，见尾不见首。

关于什么是神，《易经》说得很清楚："物生谓之化，物极谓之变，阴阳不测谓之神，神用无方谓之圣。"阴阳不测谓之神，阴阳不测也就是变幻莫测。神常作形容词用于词语前表示玄妙之意，如神仙、神明、神秘莫测、神来之笔等。

"谷神"作为名词，是大道的本体，是大道的别名。相对于人的认知来说，宇宙的本体无始无终，大而无形、无所不能、化生万物、无所不有，充斥宇宙、无所不在。

何为不死？生曰不死，生的主体是大道，大道是"先天地生"的永恒存在，也是万物的根源，所以"不死"。《易经》说，"阴阳交合，物之方始"，"天下之大德曰生"，大道化生万物，无论怎么用都用不完，无论怎么行都行不尽。大道犹如母体的生殖器，生命自此出世，生生不息，无穷无尽。大道是生命的本体，也是生命的本原，是万物的宗师，是万物的主宰。中国古人对主宰万物者、祖先的崇拜并非迷信，并非宗教信仰，更多的是出于敬畏和尊重，是一种"慎终追远"的传统，更兼具社会教化的功能。人之生总有源头，追溯到最起初的状态就是人类世界的本原，古人追溯人类世界的本原从而产生了对上天的敬仰和崇拜。

古人认为天人相交，也能做到天人合一，因而把能代表上天意志的人称为天子。天子能够和上天对话和交流。天子有尚德，代表天的意志统率万民的即为圣人，上古时期的五帝——黄帝、颛顼、帝喾、帝尧、帝舜就是老子口中的圣人。圣人具有上天的品格。《黄帝内经》从是否合于道的角度把人分成真人、至人、圣人、士人、庶民等几类，圣人是凡人和上天交流的中介，但后来天子失道、失德、失能、失范造成了天人相隔，后代有作为的皇帝常常想恢复和上天的联系，因此就出现了"封禅"的现象。

当时之人往往不能恪守上天之道，上天亦不能与人直接交往，人类离天道也就越来越远，人类就出现了迷失，老子称之为"大迷"。

离世界越近，也就离天道越远。这在西方被称为"离世俗近了，也就离上帝远了"。出于人的血性而非理性，出于对金钱、荣誉、地位的痴迷，今天的人不仅离道越来越远，甚至离经叛道也是常态，带来了无穷无尽的困惑或者混乱，乃至于搞不清楚得与失、小与大、病与亡的关系。"内作色荒，外作禽荒。甘酒嗜音，峻宇雕墙。"生活享乐奢靡，毫无节制，病灾百出。人为财死，鸟为食亡，酗酒宴乐，冬夏不分，寒暑不觉。

道无穷无尽，绵绵不息，但是大道运行确有其规律，所谓顺之则昌，逆之则亡。当顺应了大道的运行规律，则天时、地利、人和，但凡为事无不畅通，而违逆天道往往寸步难行。

"玄牝之门，是谓天地根"，这里的"玄牝"是指雌性动物的生殖器。春生夏长、秋收冬藏是万物运行的规律，所有动物的交配都有一定的季节性特征，但是人却是一年四季都能够交合的动物。人的交合和生殖生育不是一个概念，生育需要具备一定的条件，需要有适合的温度环境。人体在低温的环境下，精子和卵子的结合明显困难，哪怕成功结合之后，也有可能因为低温的环境而无法成功受精，形成受精卵。

有些生育期的女子结婚几年还生不出小孩，原因多样，其中一个原因是宫寒，其主要原因是青年女性没有遵循自然之道导致宫道长期冷热不均，受寒而不易怀孕。本来春夏秋冬、寒来暑往各有季节性着衣要求，但青年女性为了所谓的风度而置温度不顾，数九寒天身着短裙，春秋之际也是穿着清凉，长此以往难免宫寒。长期宫寒的环境不利于生育，而男子受寒则容易骨寒，骨寒导致精气不足，久而久之导致生殖困难。

　　面对纷繁复杂的物质世界，如果物欲不能有所克制，则心理和肠胃的负担明显加大。心理负担加大则会产生抑郁，肠胃的负担加大，脾胃则会受到损伤。一旦肠胃受到损伤，则五谷难化。五谷不化则影响人的精、气、神。精、气、神产生的问题得不到很好的调节，问题加重后也会影响生育和健康。饮食男女如果不能控制自己，纵情声色常常导致精气大泄，精气不足则气衰，气衰则神灭，这也是有损天地之根、玄牝之门。虽然大道"用之不勤"，但人们也得用之有法，所以古人说人生有三戒，少年戒之在斗、中年戒之在色、老年戒之在得，是为"绵绵若存，用之不勤"之道。

第二章 老子的宇宙观

日用不觉的宇宙世界

天长地久的宇宙世界

先天地生的宇宙世界

远古时期的宇宙世界

人类的历史是一个逐渐认识自己、解放自己的过程。在这个过程中，对宇宙世界的探索和认识是人类文明发展的一个基点。自人类出现以来，不同国家和民族的先祖虽然都持有自己独特的宇宙观，但也有其共性——因为宇宙世界里人的渺小和无能为力而表现出来的原始崇拜，这在中外的远古文化中有着内涵相同的不同表现形式。以《史记》的记载来说，夏朝、商朝、周朝乃至于西汉王朝的先祖的"出世"或者说诞生的经历都与神话传说有关，盘古开天辟地、女娲补天、精卫填海、夸父追日、后羿射日等神话传说，皆为此方面的具体表现。

　　夏朝崇拜的对象称为"上"，商朝崇拜的宇宙世界称为"帝"，商朝的属国周崇拜的宇宙世界称为"天"。周文王、周武王灭商之后，为了实现政治上的融合，在信仰方面也保留了商朝的崇拜，采用了"帝""天"并用的融合政策。到了周朝后期，伟大的思想家老子提出了一个"道"的概念，也称为"天道"。老子的宇宙观包括"无"的世界和"有"的世界，对无的世界老子的阐述甚少，这为宗教信仰的探索预留了巨大的空间，也是孔子"存而不论"的主要原因。对于这个"有"的世界，老子探究了大道的本原、本体、本性，也结合其身份特征谈论了大道之治——圣人之治，这些共同构成了老子完整的宇宙观。

一

远古时期的宇宙世界

　　和古代埃及、古代巴比伦、古代印度的先民一样，中国远古时期的先民已经有了朴素的宇宙观，表现为原始的信仰崇拜。中国古代先民把权力的来源归结于天，把权力的终结也归结于天。凡是符合天命的"天佑之"，凡是违逆天命的"天降之咎"。三皇五帝时代，王权的更替不在武力而在德行，就在于此。

　　《尚书》是中国古代一部重要的文献，是五经之一，内容包括《虞书》《夏书》《商书》和《周书》，时间跨度有2000多年。从《尚书》的字里行间，我们能够看到天命论的完整形成过程。

　　《虞书》首篇《尧典》记载了帝尧的德行，重点介绍了他依照天地山川日月制定历法和用人、治水之功。帝尧命令和氏和包羲氏制定历法要"钦若昊天"，在用人方面明确提出德行的要求。舜继承大典要有四祭，首要的是"类于上帝"，其次祭祀祖先、山川和众神祇。

　　大禹最先传位的对象是和他一起治水的益伯。但是大禹三年丧期之后，臣民们却纷纷敬拜到大禹的儿子启处，其主要原因在于大禹德行的积累使其子孙绵延。夏朝的后几任王以天命自居、贪图享乐，"内作色荒，外作禽荒。甘酒嗜音，峻宇雕墙"，最后"未或不亡"。夏王如此，商王的终结原因亦然。商朝基本的天命观是"上帝引逸"，"天命有德"，尊崇上天的意志，使民安乐的就是有德，而末代商王"弗克庸帝，大淫泆有辞"，所以招来上天"降致罚"而导致商命终结。

在天道思想世俗化的过程中，周初的思想家们厥功至伟。天道思想的另外一个流变是天道即人道，这一被周公等政治家、思想家所倡导的思想深刻改变了后世的政治思想，是后世政权合法性问题探讨的基础，并深刻影响了老子及后世的思想家。在夏、商天命的历史嬗变过程中，周公等提出了革命合法性的天命之逻辑，那就是天人合一规则下的"惟天惠民"。夏朝最后一个王夏桀和商朝最后一个王商纣因为"弗克若天""自绝于天"和系列伤民暴政导致国家灭亡，给予周初开国贤良以深刻教训，使之明确提出"天视自我民视，天听自我民听"的主张；周朝建制后，周王请教商朝遗臣箕子，箕子献出《洪范》九畴，提出"天子作民父母，以为天下王"。《康诰》提出"明德慎罚，不敢辱鳏寡"，"越厥邦厥民，惟时叙"，这些主张已经把天意的衡量标准落到了民意上，认为民心即天心，进一步把天命思想世俗化，是为"以人民为中心"的思想渊源。

老子传承了周人先祖"天"的说法而提出了一个全新的概念，是为"天道"，又称为"道"，他认为"先天地生，寂兮寥兮"的大道是"视而不见，听而不闻，博之不得"的存在，其基本特性是"独立不改，周行而不殆"，是万物的主宰。

"天道"的提出是一次思想上的伟大革命。同样是天命论，老子之前两千年的天命论中的"天"是分善恶的有人格的天，是浑然一体的天。老子提出的"天"却是客观实在的"天"，是一个包括可以认识的天地的"天"和"先天地而生"的"天"。

老子是最早系统提出唯物论的思想家，但老子的唯物论不是绝对的，他为前世的天命论准备了一个不予讨论的空间。关于宇宙世界，老子认为存在一个天地之前的世界，这个世界是"有物混成，先天地生"的世界，是"寂兮寥兮，独立不改，周行而不殆"的世界，被老子称为"可以为天下母"的世界。"天地"也就是我们可以认知的物质世界，而"天下母"的这个世界却是不可认知的，这是《道德经》所没有述及的领域，这就为后世的宗教思想的兴起预留了一定的空间，这也是老子思想的最高智慧和至高境界所在。

老子是最早系统提出辩证法的思想家，《道德经》第二章提出了宇宙世界"有无相生，难易相成，长短相较，高下相倾，音声相和，前后相随"的辩证法观点，而且称之为天底下的"恒（常）也"。周朝以前的崇拜对象——天，是分善恶、有人格的，这在《尚书》的字里行间随处可见。《〈尚书〉二十讲》的作者杨鹏认为，《尚书》中记载的夏、商、周三代的思想传统，是相信天命生出德行的思想传统。在此基础上，杨鹏提出"天命在民心、民心代表天命，这是《尚书》的政治神学"的论点。老子在《尚书》的思想上大大前进了一步，明确提出"天道无亲""天地不仁"的思想，老子也是最早系统提出运动论的思想家，"道生一，一生二，二生三，三生万物"描述了宇宙世界生灭变化的规律。

老子是中国古代优秀传统文化的集大成者，他的思想和思想中的宇宙观是先秦时期人类集体智慧的结晶，深刻影响了周朝后期两千多年的思想和文化。纵观后世的各种思想，包括墨家、儒家、道家、法家、阴阳家、纵横家、兵家等诸子百家在内的思想主张，基本上都能够在《道德经》一书的思想体系中找到与之一致的基本观点甚至核心观点。从某种程度上，这些思想和老子的思想有着高度的契合性，同时也可以说是老子思想的流变和某一方面的具体展开。

老子的大道思想阐述了社会和人，还有关于世界的本原和归宿等问题，因而把古人对上天的信仰逐渐转向思辨哲学，把中国上古时期对上、帝、天的崇拜进一步发展成了"天道",并以道为核心建立了一整套系统的哲学体系。

自老子以降,中国古代对上、帝、天、天道的崇拜思想一步一步世俗化,中国古人一方面心里始终保留着对上天的敬畏,另一方面则逐渐形成了依靠自身努力改变自己、国家、民族命运的精神特质。依照这敬天爱民、顺天行道的法则,修身、齐家、治国则是为顺,违反这一法则是为逆,所谓"顺之者昌,逆之者亡"已经成为一大铁律。

二

先天地生的宇宙世界

老子的世界里有一个完全不同于人类所能看到的宇宙世界,老子称之为"先天地生"的世界。在天地诞生之前,就有一个混沌之物的世界,这个世界无声无息,自在、自有、自永。我们从《道德经》第二十五章可以看到,老子如此描述这个世界:

> 有物混成,先天地生,寂兮寥兮,独立不改,周行而不殆,可以为天下母。吾不知其名,字之曰道,强为之名曰大。大曰逝,逝曰远,远曰反。

这个混沌之物,无声无息,自在、自有、自永,没有什么可以改变它。它循环往复、永不止息地运动着,是天下万物的起源。我不知道它的名字,勉强将之命名为"道",道是大而无外、博大无边，因此也被称为"大"。因为道大而无外的特性，所以瞬息万里，瞬息万里称为"远"，远到了极致就会循环往复，是为"返"。

有物混成，先天地生。在人们的常识中，天地是万物的主宰。如果我们继续进行抽象推理，就会产生一系列的追问，天地的本质是什么？天地又是谁创造的呢？天地是怎样开头的？未来又将如何结束？对这些问题的探索就构成了对世界本原、本体和本性的追问。

对世界本原、本体和本性的探讨构成了哲学研究的主要对象和范畴。在中国古代的各种学术思想中，唯有对世界的本原、本体、本性和归宿进行积极探索的思想理论，才在学术上具备了深邃的哲学意义。

古代中国是一个有神的国度，但是这个神和宗教信仰上的神是不一样的，中国古代的神是超越了人的存在的客观存在。从马克思主义的物质观来说，物质是标志客观实在的哲学范畴，世界的客观存在，一小部分为人类所熟悉和了解，但绝大部分都不为人所熟悉和了解。古代中国被称为神州大地，就表示这是一个"神"的国度，因此也流传着许多神话故事，其中盘古开天辟地就是一例。

很久以前，宇宙混沌一片，后来有个叫盘古的沉睡巨人醒来后，抡起大斧头劈向混沌，清气上升为天，浊气下沉为地。天和地分开以后，盘古头顶着天，脚蹬着地。天每天升高一丈，盘古也随着天越长越高。这样不知过了多少年，天和地逐渐成形了。盘古倒下后呼出的气息变成了四季的风和云，发出的声音化作了隆隆的雷声，盘古的双眼变成了太阳和月亮，盘古的四肢变成了大地上的四极，盘古的肌肤变成大地，盘古的血液变成江河，盘古的汗变成了滋润万物的雨露，从而形成了今天人们所能感知的天地。

宇宙世界的阴阳变化化生万物。人类出现以后，在自然的演化进程中逐渐产生了对上天的崇拜，因而有了一些人为的仪式，是为原始的崇拜。在早期犹太教经典里，也有耶和华创造万物、创造人类的记载。中国原始的崇拜没有走向宗教化，古代中国的原始崇拜慢慢发展为对上天的崇拜，天子是人天相通的桥梁，代表上天的意志治理万民。后来由于天子失道失德，古人对上天的崇拜慢慢走向世俗化，老子把上天、天帝的思想理论发展为"天道"思想，简称为"道"。孔子进一步发展了天的思想，是为"天命"。

老子认为，在万事万物诞生之前有一个混沌的存在，其包容万象又超然万象，是宇宙万物的总根源。老子把这个先天地生的对象称为道，道是不可捉摸的，"其大无外，其小无内"，存在于万物之中，《道德经》第二十一章如此描述：

> 道之为物，惟恍惟惚。惚兮恍兮，其中有象；恍兮惚兮，其中有物；窈兮冥兮，其中有精。

所谓"象"就是介于有和无中隐隐约约的样子。早在三皇时期，中国古人就发展了"象"的概念和内涵，把宇宙中广为存在的天、地、水、火、山、泽、风、雷作为基本物象，是为《易》逐渐形成的基础。

这个先天地生的物象有什么特征呢？老子认为"寂兮寥兮，独立不改，周行而不殆，可以为天下母"的物象有着安静的特性，在万物中无声无息。这个独立的物象非常宽阔广远，没有边际，你看不到它的开始，也看不到它的结束。这个独立的物象具有运动的特性，而这样一种运动的特性不是直线的，而是沿着一条曲线运动。由于时空的辽阔，曲线运动最终会形成一个环路回到原点，这样的运动无始无终，往复循环，从而形成了我们见到的生生不息的万千景象。

老子把这个物象称为道，老子提出了大道几个方面的特质，是为道的守静持柔性、独立永恒性、运动变化性等。道的守静性告诉我们"静为躁君"的道理，所有一切的喧嚣最终都会过去，唯有静才是永恒的。牝之于牡，牝是躁动的，牡是守静的，尽管如此，最终还是静牡胜躁牝。在斗鸡场上，"呆若木鸡"守静的一方必然更高一筹。大道是独立的，没有任何主观力量能够影响它。大道是永恒的，"先天地生"的特性决定了天地可以废去、大道不可废去。大道是运动的，世界万物无一不在运动中，而且这样一种运动具有"周行而不殆"的特性。由是观之，大道就是万物的本原、天地的母体。

对于这个"先天地生"的物象，在语言文字被发明之前，我们不知道如何称呼。有了语言文字之后，我们也不知道如何称呼。因为一旦以人的语言文字来称呼这个物象，这个物象就有了局限性，而大道是没有规定性和局限性的。以局限性来规范不可局限、不可规范的东西是行不通的，所以老子在《道德经》的开头明确地提出了他最谨慎的态度："道可道，非常道；名可名，非常名。"尽管如此，为了表述方便，老子还是勉强取了一个名，就叫作"道"。

因为道大而无边的特性，我们常常在道的前面加上一个形容词以示强调，称道为"大"，叫作"大道"。大就是广大、广博，瞬息万里。于人而言，光的运行速度已经达到了人类已知世界运行速度的极限，然而就算我们以光年为单位来度量大的存在，那也是一个天文数字。宇宙世界的大道是"周行而不殆"的，无论多么广大、广博，最终都会回到本根，这就是"返"。

大是道的特性，天、地、人都因遵循大道的存在而存在，其生灭变化是由大道运行的规律所决定，所以说宇宙世界中有四大：道大，天大，地大，人大。

人法地，地法天，天法道，道法自然。天行健，君子以自强不息；地势坤，君子以厚德载物。天地承载着地上的一切，人类和万物生活在大地上，得到大地的滋养。有诗云："春游芳草地，夏赏荷花池。秋饮菊花酒，冬吟白雪诗。"天地提供给人类所需要的一切，但天地具有"生而不有，为而不恃"的特性，并不以此居功自傲，并不需要人的任何回报。地上的一切都是天地的产物，人也是天地自然的产物，产物怎么能够影响、左右或者决定天地"独立不改"的特性呢？所以一切的迷信活动都是枉然。人唯有遵循天道规律生活，根据时节变化来作息，"法于阴阳，和于术数，食饮有节，起居有常"，这才是"法"天地之道。

宇宙是一个大世界，人体是一个小世界。小世界是大世界的构成部分，大世界统领着小世界。大小世界的和谐统一就是我们所说的天人合一。天人合一是中国古人追求的最高境界，所以说，人要遵循大地的法则为人做事，大地要遵循天的法则运转，天要遵照道的法则才能为天，而道，纯属自然。

三

天长地久的宇宙世界

老子的世界是一个天长地久的世界。天地为大道本体，大道恒常永久，天地也是恒常永久，《道德经》第七章称之为"天长地久"。

> 天长地久。天地所以能长且久者，以其不自生，故能长生。

老子认为大道和天地之所以能够恒常永久，主要是因为大道和天地的无我无私之德。遵循大道的圣人没有私德，所以能为百姓所推崇，治理天下的圣人能够做到忘我，所以能够得以保存自身，因其无私的品格能够成就自己。

天地对于人来说，既熟悉又陌生，既是实体，又是虚体。在《道德经》中，老子常常以天地来指代大道的本体。古人常把东西南北称为"宇"，把古往今来称为"宙"，宇宙具有时间上的长久性和空间上的无限广延性，古人常用天地指代宇宙，有的时候也称宇宙为上天、天。

天的特性主要有三。天的第一个特性是长久性、永恒性，老子称之为"天长地久"。第二个特性是运动性，天地无时无刻不处在运动变化之中，老子称之为"周行而不殆"。第三个特性是无限的广延性。

作为大道本体的天地是永恒的，这个永恒就是我们所说的天长地久。人类以有限的思维认为，整个宇宙世界已经存在了一百四十亿年，那么未来还将有多少年达到极限？尚未可知。无论其结果科学与否，对有限的人生来说这已经是天长地久了。

天地世界为什么能够天长地久地永恒存在呢？老子认为，这主要是因为天道的无私之德。天道因自我无私，所以能一直保持丰盈的状态，源源不断地化生万物，化生万物而不自恃有功，是为"生而不有"的无私之德，不以自己之行为为仁，所以能够长生。

什么是大道的无私之德？万物依靠大道得以生存和发展，大道是万物的主宰和根源，但是大道并不因此而自认为是主宰，而是纯自然而已，这就是大道的无私之德。因为无私所以无畏，大道的无私之德成就了无畏的品质；因为无欲所以无求；因为利人所以益己，大道本不想成就自己，却最终成就了自己。

大道化生万物，大道的这样一种无私之德熔铸于万物之中，在生命的演绎中得以体现，这就是万物的各种功用。阳光雨露不分东西，泽被万物。寒来暑往，春去秋来，凡大地，滋长百草。百草丰盛，牛羊成群；牛羊成群，人丁兴旺；人丁兴旺，国家兴盛，是为"有德此有人，有人此有土，有土此有财，有财此有用"。

阳光雨露，不为自己而生，但能泽被万物，滋润大地。大地不为自己而生，但为地上的一切花鸟鱼虫和生命体提供承载和充分的养分。花草万木不为自己而生，却能够为牛羊和禽鸟提供庇护和食粮，这就是大自然的无私之德。

无私是大道的本性之一，人作为大自然的产物也应该秉持这无私之德。但是在千百万年的演化中，人却发展了自私之心，在人为的世界，有私和无私作为一对矛盾始终处于胶着的争斗之中。

真正依据天道治世的圣人始终秉持着天道之公德，摒弃狭隘之私德，所以能成其德。中国古代的官员也有着这方面的道德要求，如孟献子曾说的"畜马乘，不察于鸡豚"，"伐冰之家，不畜牛羊"就是这方面的表现。

世人难免产生焦虑，焦虑的根源在于一个私字，而破除和化解一切焦虑离不开一个"安"字。人之在世追求一个"安"字，就能涵养无私之德。但凡做事自然而已，便是安于心，在子女培养和教育方面遵循天之道，使子女品行端正、健康成长、根深叶茂，以立足于天地为本，是以心安为要。

今日之家庭教育颇多焦虑之情，但看家长之做法，又不难理解其产生焦虑的根源。今人之父母对子女的教育少有夯基固本之为，多有拔苗助长之心，无视其根深，但求其叶茂。明明在夏天成长之际，却希望能有秋收之果实。今日之家长常常把压力传导给孩子，动不动就说父母的辛苦都是为了孩子，好像这就是孩子应该好好读书的主要动因。实际上，这就是家长之私，这样的为己之私必定会带给孩子无穷的压力，是为家庭教育中焦虑产生的最大根源。

读书之根本在于培养完善的人格和必要的技能，就是古时候所说的"为己"。培养了健全的人格和必要的技能就能为社会所用，这是自然而然的结果。今天，有些家长或教师的教育在很大程度上偏离了教育大道，目标指向性明确，完善的人格教育被有意无意忽视。舍本逐末的做法必然导致失去教育人的根本，也就偏离了培育人的大道。

人如何回归大道做到无私？要做到无私有榜样可学，老子提出了"人法地，地法天，天法道，道法自然"的观点，并提出了"即吾无身，吾有何患"的论断，这就是告诫人们，做任何事情要常忘了自己，不作他想，不要把个人的主观臆断放进去，不要把个人的成败得失融进去最为重要。运动员在比赛的时候，最好的心态就是专注于比赛，而不是专注于分数和成败。学习的时候，老师和学生所要专注的是良好的学习态度、合理的学习方法、轻松的学习过程，而不是专注于成绩本身和与他人之间的差距。

我们在欣赏花朵的时候就欣赏花朵，不需要和其他花朵做无谓的比较。我们在开车的时候就好好开车，开车的目的并不是与他人比快争技。我们吃饭的时候就好好吃饭，专注于眼前的食物而不是谈笑风生。我们在睡觉的时候就好好睡觉，而不是东想西想影响睡眠，这就是古人所说的"食不言，寝不语"。

天下大道告诉我们，应该专注于所作所为，不要让外界的力量来影响自己，不要把自己个人的成败得失放在其中。工作就是工作，不要融入私心杂念。在人和人的交往中，交往就是交往，不要争权夺利，要恪守本职，不与人争锋。作为作家需要写出好的作品，作为商家需要提供好的产品或服务，作为公职人员就要做好自己的本职工作，恪守本分。

圣人的功与名不仅留存于当代，而且传之于千秋。圣人为什么能成为圣人呢？就是因为圣人恪守天道，天道的天长地久在于无私，圣人的天长地久也在于无私，两者无私的一致性也就成就了圣人的天长地久。

大自然的本性是公而无私，但是万事万物在生存繁衍中存在着竞争，有物种内部的竞争，也有物种之间的竞争。这样一种竞争最初表现在物种趋利避害的本能上，在趋利避害本能的影响之下，物种的私心私欲也就产生了。

圣人的行为完全符合天道，他保持了淳朴的本性，完全去除了自私自利的欲望。世人都为名利而去竞争，在享受着名利带来的"如享太牢，如春登台"的感觉时，谁又能够保持一颗沌沌之心？有竞争就有成功者，有成功者就有失败者，争名夺利难免互相伤害。人生的成功者和失败者难免会产生矛盾，有了矛盾就会产生新的纷争。在圣人看来，还不如不参与其中。因为圣人不参与其中，不和人争名夺利，反过来能够赢得众人的认可。圣人以其不争之德赢得人心，这不仅是无私之德，更是无私之得，显示出了圣人天道的妙用。

在公共利益面前，圣人也会忘记自己。大禹治水既艰巨又充满凶险，甚至多次危及他自身的生命安全。但为了公共利益，大禹奋不顾身，夜以继日，成就了"三过家门而不入"的美誉。这时候的大禹也是公而忘身、公而忘私，这才是真正的无私。

这也就是说，信奉天道的人心中只有天道。凡人摈弃自私自利的想法，久而久之也能成为圣人，这就是孟子所说的"人人皆可尧舜"。在家庭里，父母对于子女完全没有私心，这是天道在家庭里的表现。为了子女的健康成长，父母可以奉献出自己的一切乃至于自身的生命，父母以其无私的品德，成就父母的伟大。

在动物的本能中常有无私之德。鹿妈妈和鹿宝宝在涉水过河的时候惊动了河里的鳄鱼。当鳄鱼朝着鹿宝宝游过来的时候，鹿妈妈奋不顾身地飞奔过去，以自己弱小的身躯挡在鳄鱼和鹿宝宝之间。随着鳄鱼的到来，鹿妈妈望着鹿宝宝的坚毅眼神消失在浑浊的河水中。这是大自然中发生的真实一幕。能够为了子女舍弃自身生命，这是一种动物的本能，却也是天道无私的普遍表现。

在非洲有一种蝗虫，"蝗虫大军"过河，第一只到达河边的蝗虫被河水冲走了，然后第二只、第三只、第四只相继被冲走。后面的蝗虫抓住了前面的蝗虫，蝗虫不断地被水冲走，但队伍仍不断延伸，并最终搭成了一座生命之桥。当所有的蝗虫过河之后，后面的蝗虫也就被水流冲走了。正因为蝗虫具有这样一种无私无畏的精神，最终使种群得以保全。撇开趋利避害的本能，所有的物种在特殊的情况下都有一种无私无畏的举动，这是一个族群得以延续的重要原因，是大道的无私之德存在于种群中的生动反映，是天长地久之道的具体表现。

四

日用不觉的宇宙世界

如果有人一定要问大道是什么样子的，《道德经》第一章就明确提出了"道可道，非常道；名可名，非常名"，道是可以说的，但说出来就不是大道本来的样子。人有各种各样的感觉器官，人的眼睛可以看，耳朵可以听，舌头可以尝，鼻子可以闻，手可以触摸。总而言之，人对外在世界的认识是通过各种各样的感觉器官来获得的，尽管如此，人类各种各样的感觉器官还是不能轻易地认识大道。

大道化生万物，万物的存在是以大道的存在为总依据。人可以通过看、听、触摸万物以感知万物的存在，但是大道是看不到、听不见、摸不着的。大道的客观存在，于人的感觉是通过人的抽象思维建立的。在《道德经》第十四章中，老子做了如下描述：

> 视之不见，名曰夷；听之不闻，名曰希；搏之不得，名曰微。此三者不可致诘，故混而为一。

我们把看不见的叫作"夷"，听不到的叫作"希"，触摸不到的叫作"微"。看不到、听不到、触摸不到的大道并不等于不存在。大象无形、大音希声，大而无外、小而无内的大道看不见、听不到、触摸不到到了极点，不可能对它进一步再加以推究。

　　大道是浑然一体的存在，大道的存在没有任何局限性。地球上一般具体的事物在面对太阳光的时候，总是能同时表现出阴面和阳面两种特性。我们把被太阳照射的这一面称为阳面，阳面往往显示出明亮的光亮；我们把背对太阳照射的一面称为阴面，阴面往往显示出暗昧不清的样子。随着太阳和物体相对位置的移动变化，物体的阴阳两面也不断转化，这是大道所化生出来的万物的阴阳特性，但是大道却超越了万物的这样一种特性，从阳面来看大道并不显得特别皎洁，从阴面来看又不是特别昏暗。大道就是平平淡淡，若有若无的样子。在《道德经》第十四章，老子如此描述大道的特性：

　　　　其上不皦，其下不昧，绳绳兮不可名，复归于无物，是谓无状之状、无物之象。是谓惚恍。迎之不见其首，随之不见其后。

　　大道的样子若有若无，不可名状，最后循环往复，归于无物的状态，就是我们常常说的没有形状的形状，没有实物的样子，也就是我们常常说的惚兮恍兮的状态。大道如神龙见首不见尾，你从正面迎着去看，看不见大道的结尾，从后面随着大道去看，看不见大道的开端。

　　自古以来大道都一直存在，生活在当下的人要想把握当下，一定要遵循这亘古以来就贯穿人类历史始终的大道。万物都会废去，但大道不会废去。古代的人循道而为，必有所为，今天和未来的人循道而为，也必有所为。通过对天下大道的认识，了解了天地万物的根源，也就了解了大道的规律。

　　人类的历史文化犹如一棵古老的参天大树，在这棵树上有数不尽的树叶。如果把每一片叶子看成是一片世界，我们要想认识这个世界就需要了解每一片叶子。人的时间和精力是有限的，以人的有限来了解无限的世界基本上是不可能的。那应该怎么办呢？我们唯有寻找大树根性的部分，找到大树深层基因，整体把握大树的发展状况也就把握了大道的存在。

《道德经》第十四章主要阐述了大道和具体实物的关系。大道化生万物，贯穿于万物生命的始终。人类因此本以为从万物中了解了大道，殊不知大道具有"大方无隅，大器晚成，大音希声，大象无形"和"其大无外，其小无内"的特性，人们从万物中确实能够感觉大道的存在，却不能够直接认识大道的存在。

大道是如此的难以琢磨，人类该如何去把握它呢？我们仍可以从《道德经》中得到启示。《道德经》第八章告诉我们，在天下万物中有一种最接近于大道的东西，那就是水。水是构成生命的最主要物质，在地球上有着最广泛的存在，水以固态、液态和气态的形式充斥整个地球。水具有大道的谦卑、柔弱和不争之德，"故几于道"。在生活中能做到"居善地，心善渊，与善仁，言善信，正善治，事善能，动善时"，离"善为士者"也就不远了。

正所谓"形而上者谓之道，形而下者谓之器"，大道和万物是直接相关的，大道贯穿于万物的始终，万物的存在蕴含着大道的存在。当今世界是工业化的时代，也是信息化的时代。在新型工业化时代，以其标准化和信息化的优势叠加生产出来的东西能够做到多快好省。在资本主义生产方式诞生之后的一百年内，人类所生产出来的物质是过去所有时代生产、获得的物质的总和还要多。但人类不管如何生产、生产多少，都只是对现有、现存物质的排列组合式的再生产，并未涉及根本性的创造。

　　宇宙世界的生命体都是被创造出来的，创造生命体的主体只能是大道。人类是有局限性的，只能依靠现有、现成的物质生产出其他产品，而人类却绝对不能创造出生命，这就是人的局限性。我们所居住的星球是一个神奇的存在，合适的阳光、温度与水滋养着这样一个生机勃勃的星球，其中生活的万千生命，哪怕是一朵平淡无奇的花朵都蕴藏着无穷的世界。但哪怕是一朵简单的花朵，人类都不可能创造得出来，因为化生万物、创造生命的唯一主宰就是大道。

　　对大道的崇拜不能靠简单的外在形式，这也就决定了对于大道的认识绝对不能以任何宗教形式来展现。中国古代，人们有着对上天的崇拜，古人造字时，一个"天"字里面就包含着天、地、人，天字的第一笔也就是最上面的一横代表天，第二笔也就是下面的一横代表地，中间的一撇一捺就是一个人，表示人是天地万物的创造。

　　"国之大事，在祀与戎"。古人对天的崇拜和祭祀是密切相关的。在中国古代历史的发展中，对上天的崇拜一度有向宗教发展的趋势。在春秋战国时期，道家思想把古人对上天的崇拜发展为"天道"，简称"道"。到孔子发展为"天命"。老子更通过道的本原、道的本体、道的本性和大道的应用把远古人们信仰的"上""帝""天"拉下神坛，使之走向现实生活。宋朝的思想家们再一次把天道发展为天理理论，王阳明等人认为天理即仁心，进一步把对"上""帝""天"的崇拜和信仰推向世俗化。

　　而在西方，人们对宇宙世界本原的认识已经被宗教化，上帝等造物主成为遥远而不可及的崇拜对象。人们只有无条件地服从承认才能得到所崇拜的造物主的眷顾和关爱。人们逆着造物主的意志行事，会受到惩罚或者被抛弃。在造物主的影响范围之内人是无可奈何的存在，只有顺从和服从。人无法认识造物主，人没有自主的权利，只能依照造物主的旨意而行，这也充分说明了宇宙世界的大道是不可认识的。但是中国人有一种入世的精神，在不可认识中仍然倔强地要认识这个宇宙世界，欲想从若有若无的大道之象中认识大道或造物主的存在。认识的目的是为了顺应人和大道的关系，把握大道的规律，实现人的全面而自由的解放，这就是中国人的入世精神，也是中华民族生生不息的民族精神所在。

大道并不靠直接的显现让人们所认识，而是蕴含于宇宙万物之中，我们直观感受不到，需要使用人的抽象思维来感知大道的存在。秋天到了，群群大雁结伴南飞，预示着冬天的即将来临。被茫茫白雪覆盖的大地上，小草露出柔嫩的枝叶宣告春天的即将来临。冰雪之下，流水淙淙，涓涓细流汇入汪洋大海，千千万万的生命在孕育中践行着生命的轮回。是谁有这样伟大的力量，让生命生生不息、绵绵不绝？唯有大道。

人在天地万物之中是渺小的，但是人的进化发展却使人拥有了反其道而行之的能力。人虽然在某时某地会有所小成，但是规律告诉我们"小成靠智，大成靠德"，德和道的息息相关告诉我们，欲行大道者应该摒弃智巧而追求大道。大道和知识无关，在某种程度上学得越多离大道越远，所以老子告诉我们"为学日益，为道日损"。在孔子周游列国的行程中，他经常遇到的村野匹夫知识不一定多，但颇多是有道之人，他们的只言片语和人生选择蕴含着深厚的大道之理。

大道虽然看不见、听不见、闻不到、摸不到，但是通过我们的修养可以习得，可以按照老子"损之又损，以至于无"的修道之法减损我们的世俗之累而有所得。

老子对大道的认识是一般人所不能企及的，我们一般大众认识和了解老子的大道理论体系是很不容易的。但是对大道的认识也并非一座不可逾越的高山，人本是大道的创造之物，人体和人生本身就蕴含着大道，通过结合自身的实际和真实感受，通过对万事万物的深切了解和深入思考，通过人对大道的研修了解大道的真谛是完全可能的。大道并不繁杂，相反大道是为至简；大道不是深不可识，相反大道是可以认识的。自古到今的人类历史上出现过很多圣贤之人，他们的所言、所行、所思、所想契合大道的部分就是我们认识大道的一个窗口。

道不远人，在我们的生活中处处有大道的存在。太阳东升西落，有始有时，顺应太阳的运行规律计划自己的作息时间就是遵循大道。万物的生长发展有始有终，生命是一个完整的过程，摈弃拔苗助长的心理，按照事物发展的规律对待个人的成长就是符合大道。遵循大道"生而不有，为而不恃，长而不宰"的不争之德，守柔以待人，则无往而不成。行路之人，遇到雨雪风霜天气，不强行为之就不会有湿身跌滑之虞，这就是生活中的大道。

第三章 老子的天下观

世俗世界里的天下观

大道本体下的天下观

客观存在上的天下观

守中致和中的天下观

关于个体修养，《大学》提出了"大学之道，在明明德，在亲民，在止于至善"。要想达到"止于至善"的境界，就需要修身。如何修身，儒家提出了格物、致知、诚意、正心、修身、齐家、治国、平天下的进阶之说。老子的《道德经》提出了"以身观身，以家观家，以乡观乡，以国观国，以天下观天下"的观点。那么，什么是天下，他们讲的天下是同一个天下吗？

我们常常讲天下国家，说明天下和国家是两个概念，是两个有着密切联系的概念。天下有着宏观和微观两个层面的意思，有着抽象和具体维度的区别。老子所谓的天下是宏观层面、抽象维度的天下，各时代统治者所说的天下是微观层面、具体维度的天下，两者有着深刻的联系，也有着指向和本质上的不同。

纵观《道德经》一书，老子天道宇宙观中存在着两个世界，分别是"无"的世界和"有"的世界。"无"的世界是一个"先天地生"的世界，是"万物之宗""万物之奥""象帝之先"的世界。老子认为这个"无"的世界是生命的源头，在宇宙世界诞生之前就存在了。老子天道思想中的另外一个世界是"有"的世界，而这个"有"的世界却是天、地、人的高度概括和抽象，因而具有普遍意义上的特性。

一

世俗世界里的天下观

微观、具体的天下观以周武王、周公旦等的天下观为代表。以周朝来说，天下就是"溥天之下，莫非王土；率土之滨，莫非王臣"的周王朝所管辖的这个具体的国家，这是当时周王朝统治所能达到的四极。对天下国家的看法、态度、价值观就是微观、具体形态的天下观。

早在大禹治水的时候，大禹的足迹遍及其所能到达的极限，"禹敷土，随山刊木，奠高山大川"，将天下土地依据山川河岳地形划为冀、兖、青、徐、扬、荆、豫、梁、雍九州，"九州攸同""九山刊旅""九川涤源""九泽既陂"而"四海会同"。大禹即王位后，采用五服制度来治理天下。所谓"五服"，指的是从王城往外五百里为"甸服"，"甸服"往外五百里为"侯服"，"侯服"往外五百里为"绥服"，"绥服"往外五百里为"要服"，"要服"往外五百里为"荒服"。五服的责任和义务各不相同，五服"东渐于海，西被于流沙"，东边到达大海，西边到达沙漠之地，南北方达到外族居住的地方，是为天下。

周朝实行分封制，周朝的分封制从形式上看和大禹的"五服"制度有一定的相似之处。西周大规模的分封建国有两次，第一次是武王伐纣灭商之后进行的，第二次是周公旦东征回来之后进行的。西周的分封制有四种情况，有同姓封国、功臣封国、主要部落封国和古帝王后代封国。据《史记》记载，"武王追思先圣王"，即周武王在灭商后分封诸侯时，很是怀念古代的圣明王者，于是"乃褒封神农之后于焦，黄帝之后于祝，帝尧之后于蓟，帝舜之后于陈，大禹之后于杞"，这就是西周分封制的第四种情况。

有周一朝总共分封了多少诸侯国呢？综合各类历史资料可知，西周的分封国有实际封国和名义封国之分，实际封国有七十一个，这些见记于《左传》和《荀子》中。除此之外，还有三百三十个宣布服从周天子而选择接收封号的封国、方国，这些称作名义封国。另外，整个姬周王朝（包括西周与东周）时期，四周八方边远地区的部邦和部落为了获得和平安定和图个"正统"名誉，宣布服从周天子而来都城上贡的"泛诸侯国"称作"服国"，总计有八百八十个左右。

西周初年的诸侯国普遍很小，所管辖的人口也少，是为"小国寡民"。西周初年还建立了完备的礼乐制度，在相当长的一段时期，分封制和礼乐制成为维系周朝统治秩序和社会稳定的重要支柱，在周王室的集中统一领导下，大家各美其美，各安其安，各乐其乐，老子认为这是一种最理想的治国状态。

在这种治国状态下，周朝所谓的"室"就是今天我们所说的家，所谓的"家"是指卿士大夫所治理的区域，所谓的"国"是指各封国侯国所管辖治理的区域，而所谓的"天下"则是指整个周朝所管辖的区域，相当于今天的国家，这就是后世儒家所说"修身、齐家、治国、平天下"中"天下"的来由。

人类社会先是经历了原始共产主义、私有制社会的阶段，随着私有制走向更加高级的资本主义或是帝国主义阶段，也就达到了其历史生命的桎梏阶段，必然会有一种新的生命在其腐朽的母体内脱胎而出，这个新的生命具有与私有制完全不同的生命属性，是为公有，而这个规律由马克思所发现，并在其理论体系中予以科学的论证，所以在社会主义的五大特征中——社会是分阶段的、生产力高度发展、生产资料公有、按劳和按需分配、实现人的全面发展——生产资料公有制是社会主义的根本经济特征。

马克思主义是科学的理论，也是被实践所检验了的真理。这个真理和中华优秀传统文化中的"天道"特征相一致。《道德经》有载，"天道无亲，常与善人"，什么是"善人"？即符合天道之人。中国共产党秉持马克思主义基本原理，秉持马克思主义世界观和方法论，建立了人民当家做主的社会主义国家，这个国家政治上是人民当家做主，经济上以公有制为基础，是符合"天道"范畴和规律的制度设计，这是中华优秀传统文化中天下观的时代表现，是构建人类命运共同体的思想渊源。

几千年以来，中国创造了灿烂辉煌的农业文明。隋唐时期，中华文明为世界所仰慕，各国来华留学、访问的学者络绎不绝，形成了自然和谐、守望相助、天下一家的农业文明。"和平、和睦、和谐是中华民族五千多年来一直追求和传承的理念"，秉承这一理念，经历了百年风雨历程而风华正茂的中国共产党领导下的"中国始终是世界和平的建设者、全球发展的贡献者、国际秩序的维护者"。

"和"是宇宙世界运动发展的最理想状态，和平、和睦、和谐不是天然的，是需要艰苦斗争才能换来的。周武王发动牧野之战前，曾在孟津、河朔、牧野等地多次率众盟誓，为了"惟天地万物父母，惟人万物之灵"而推翻"敢行暴虐，罪人以族"的商王，要求以"有臣三千，惟一心"的决心讨伐商王。

周克商后，历代统治者谨记周朝开国圣贤的教训，遵天重民，建立了以分封制和礼乐制为支柱的制度体系，通过强大的周王室的统治和威望治理天下百姓，有周一朝历八百多年，也是人类历史上的一大奇观。

二

大道本体下的天下观

先秦文化中的天下观有着宏观和微观、抽象和具体之分。宏观、抽象的天下观以老子为代表，指的是对人类所生活的天地和人的基本看法、态度和观点，是"天"的三种表现形态天、地、人的合体，就是老子所说的"有"的世界。

纵观《道德经》一书，老子天道宇宙观中存在着两个世界，即"无"的世界和"有"的世界。"无"的世界是一个"先天地生"的世界，是"万物之宗""万物之奥"的世界，老子不知道这个世界是什么、怎么来的，认为是"象帝之先"，认为这个"无"的世界是生命的源头，在宇宙世界诞生之前就存在了。

老子天道思想中的另外一个世界是"有"的世界，就是万物的世界，这个世界"生于有"，而有"生于无"。对于"无"的世界，老子总的原则是"存而不述"，但是为了让人对大道有所了解，还是"强为之容"，在某些篇章中还是描述了一下，表现出来的就是"视之不见""听而不闻""搏之不得"的"夷""希""微"。

老子把"有"的世界和"无"的世界统一于"道"的理论体系中，认为大道是本原、本体和本性三位一体的存在。大道本原指的是大道的来源和归宿，是"有"的两端，属于"无"的哲学范畴；大道本体指的是大道所化生的宇宙世界、天下万物；大道本性指的是大道运行万物存在过程中的特性和规律。遵道行德的圣人依据大道来为人、行事、治国，则为大道之用。

《道德经》第四十二章中有如下描述：

> 道生一，一生二，二生三，三生万物。万物负阴而抱阳，冲气以为和。

大道化生万物，万物构成一个统一整体，万物都具备阴阳两种特性，阴阳交合乃生他物，诸多他物构成万千世界。世界万物具有阴和阳两种特性，阴阳互动维系着事物内部的和谐平衡。

所谓"一生二"，并不是一个事物生成了两个事物，或者生成第二个事物。在我们的常识中，单一的事物是不可能生成第二个事物的。就生命体而言，往往是"孤阴不长，独阳不生"。结合上下文，我们可以知道，万物是一个整体，"万物负阴而抱阳"就清清楚楚告诉我们，这里的"二"指的是事物所具有的阴阳二性，也有人称之为阴阳二气，就是我们今天所说的矛盾双方。

老子认为，事物的运动、变化、发展都是阴阳二气相互变化、矛盾双方相互作用的结果。最终结果就是一物的性质发生了变化，化为具有不同于事物本质的且具有了他质的事物，形成了新的事物，是为"二生三"。

万物的阴阳变化构成不同的"三"——新生事物。每一样新生事物内部之间的矛盾运动持续不断发生变化，不断带来新事物的产生和旧事物的灭亡，这就是生命的生生不息，这就是"三生万物"。

"万物负阴而抱阳，冲气以为和。"天地是古人所认为的最大阴阳本体，所以古圣先贤常常从天地这一宏观角度来论说阴阳。《说文解字》提到，"阴，暗也，水之南、山之北也"。"山北水南，日所不及"称为阴。阳，"高明也"。高者，天也；明者，日也。

"阴"，古作"侌"；阳，古作"昜"。"侌"字从今从云，意为"正在旋转团聚的雾气"。"昜"意为"发散气体"。可见古人是从他们认为的物质世界的本质气体和气体的运动这两个角度定义"阴阳"的。古人不称"阳阴"而称"阴阳"，这与古人认为的世界起源逻辑有关。

阴阳概念是我国古代先民用以认识天地万物及其运行规律的一个代称，用以描述宇宙间的最基本要素及其作用。所谓阴阳就是矛盾的双方、矛盾的两面。阴阳的转化就是矛盾的转化，只不过阴阳的概念和内涵、外延远远高于矛盾一说，其提出的时间也更早。

老子的阴阳观认为，阴阳是代表一切事物的最基本的对立关系。阴阳变化是自然界的客观规律，是万物运动变化的本原，是人类认识事物的基本法则。阴阳的概念源自古代中国人民的朴素自然观，古人观察到自然界中各种对立又相互关联的自然现象，如天地、日月、昼夜、寒暑、男女、上下、尊卑、长短、大小、多少等，便以朴素的哲学思维方式归纳出"阴阳"这个影响至今的概念。

在宇宙自然界，事物的形成规律亦是如此。天之阳气下降，地之阴气上升，阴阳二气交感化生出万物，并形成雨雾、雷电、雨露、阳光、空气，阴阳交感，生命得以产生。所以说，如果没有阴阳二气的交感运动，就没有自然界，就没有生命。可见，阴阳交感又是生命产生的基本条件。老子"道生一"的思想首要的是天下大道是一个整体，其内在蕴含着天下万物都是一个来源、一个归宿，同是大道的化生之物，所以是"并育而不害"，"并行而不悖"，整个天下万物都是公有的，都是一个过程，没有不同的结果。

世界万物都有一个共同的本原，这个共同的本原就是大道，老子称之为"万物之宗"。天下万物是"道生之，德畜之，物形之，势成之"，从这个意义上来说，大道化生了万物，所有生命都是平等的，同时也是"公""和"的。天道尚公，所以其运行规则是"损有余以补不足"，其结果就是达到"中""和"的状态。什么是"中""和"？"喜怒哀乐之未发，谓之中；发而皆中节，谓之和"，古人认为"中也者，天下之大本也；和也者，天下之达道也"，所以和平、和睦、和谐成为中华民族几千年来一直传承的理念。

三皇五帝之后，尤其是王朝后期，天子失道、失德、失能、失范，人道的繁盛违逆了大道的公有，私欲的孳张抛弃了大道的"公""和"，天人合一逐渐变成天人阻隔。尽管如此，物物和谐、人人平等是为永恒的天道，永远都不会过时。以"公""和"为核心的天下观深深铸融于中国知识分子"穷则独善其身，达则兼济天下"的家国情怀中，铸融于"苟利国家生死以，岂因祸福避趋之"的精神风貌中，高度契合了科学社会主义对建立以公有制为基础，以和平、和睦、和谐为主要特征的未来理想社会的价值追求。

中国古代以"公""和"为核心的天下观深刻影响了古人的思维特性，形成了"协和万邦"且"求同存异"的文化传统。形而下的器是具体的且有差异的，形而上的道是抽象的且是共同的；具体的做法不一，追求的价值也可以相同；人处在不同的国家，但是可以共有同一个梦想；国家的情况不一，但是可以建设一个"大同"的社会。

三

客观存在上的天下观

中国古代对上天的崇拜经历了一个从"天人合一"到"天人分离"的过程。先秦时代，人们所崇拜的神可以和人互动，到了商朝后期，由于天子和世人的失道、失德、失能、失范，逐渐出现了"天人分离"。殷商后期一百多年的甲骨文中再也难觅向上天祈祷或者占卦的爻辞，代之以依靠统治者自身的意志和行为来寻找确定性，因而为政随意、统治残暴，对内加强统治，对外武力炫耀的情形日益滋生。

周朝推翻了殷商的统治，建立了一系列统治秩序，形成了一系列新的统治思想。周朝信奉"天"，推翻了商朝之后，为了国家政治和信仰上的融合，一方面延续了殷商的上帝观，另一方面发展了周国的上天论。同时为了阐释以周代商的合法性，周公旦等政治家、思想家提出了全新的天命论，进一步推动了天命观的世俗化。

周朝的天命论继承了之前的天命论，并有所创新，提出"天命"是由"人命"来体现和衡量的观点，集中表现在"上天引逸"观，认为上天希望百姓安逸生活，而殷商的统治却违逆了这一天道。上天的意志如何体现？他们认为"天视自我民视"，"天听自我民听"，上天的意志是通过百姓的意志来体现，所以说是"圣人无常心，以百姓心为心"。周朝的天命论在天命观的发展流变和世俗化的过程中厥功至伟。

老子在周朝天命观的基础上又作出了开创性的贡献。在老子的天命观中，天是客观存在的天，没有自己的主观意志，老子称之为"天地不仁"。老子的这一思想是传统天命观的革命性进步。在《道德经》第五章，老子如此论述"不仁"：

天地不仁，以万物为刍狗；圣人不仁，以百姓为刍狗。

这句话的意思是宇宙世界的运转有其自然规律，万物由大道化生而大道任由万物自化。圣人遵循大道治国，圣人之于百姓如大道之于万物。大道运行就如天地运行，天地不就像一个大风箱吗？看起来是中空的却没有穷尽，运动起来没有止息。依照大道治理国家无需多说多为，秉持着"中和"就可以了。

宇宙世界有其客观规律，不以人的意志为转移。宇宙万物自然天成，并不像人一样标榜仁义。太阳有自己的运行规律，自己发光发热，太阳照好人也照歹人，从来不标榜自己的无私和仁义。太阳给世间万物带来能量和光明，从来不需要回报，按照自己的运行规律不断地旋转运行，这就是客观之道。

月亮按自己的规律运行。在太阳的作用下，由于视角的不同，有时候月亮皎洁，有时候月光清冷。月亮的阴晴圆缺并不以人的意志为转移，月光或皎洁或清冷，照夜行之人，也照早睡之人。雨水自天而降，不求人赞美，也不求人厌恶。不管是士人还是庶民，天地日月对人都是一视同仁，是为"不仁"。

中国最古老的崇拜是对上天的崇拜。远古时候，上天也被称为"天帝"，有时候也被称为"帝"。在甲骨文中，就刻有"帝命雨"的记载。中国古人能够天人相交，能够和天对话，古人和天的对话非常虔诚，往往需要一定的祭祀仪式。在祭祀过程中，为了表示最大的虔诚，往往会以较大的牲畜如猪、牛、羊来献祭。后来，尤其到了商朝后期，人们对天地的祭祀没有以前虔诚，就用一些草扎成的猪、牛、羊、马替代牲畜以祭天，这些用狗尾巴草等扎成的猪、牛、羊、马是为"刍狗"。

在祭祀之前，人们非常看重这些用草扎起来的猪、牛、羊、马，就像它们是真的一样。等到祭祀结束之后，这些草扎的猪、牛、羊、马被扔在一边，甚至被一把火烧掉。在祭祀之前，上天对这些草扎的猪、牛、羊、马没有一点感觉。祭祀结束后，上天对这些草扎的猪、牛、羊、马还是没有一丝感情，来就来了，去就去了，贵就贵了，贱就贱了。天地有自己的运行规律，不以人的意志为转移，对所有的人、事、物都是一视同仁，所以称"天地不仁，以万物为刍狗"。

圣人不仁。古代圣人是仿效天地、道法自然的有道统治者。拥有天下的圣人从不自我标榜，君临天下也不以人最为追捧称颂的仁为名。"圣人不仁"有着三个层面的含义。

统治者完全遵循"生而不有，为而不恃，长而不宰"的无为之道，奉行"不自见，不自彰，不自长"的自然之道，圣人从来不刻意追求在世界上的评价，不标榜在历史上的作用，是为圣人不以为仁，这是"圣人不仁"的第一层含义

"圣人不仁"的第二层含义，主要体现在圣人治理天下万民时对待万民的态度。圣人治理天下是为追求道义，而不为追求具体的利益。圣人绝不会为了一己之利而肆意妄为。"国之大事，在祀与戎"，古代祭祀和用兵打仗是最为重要的，这两件事都和国运相关。中国古代最高统治者自称天子，认为自己是上天的儿子，古代天子在祭祀祖先圣灵的时候，往往带着对重大问题的疑问，或者对未来的期许和祈愿，常常会借助于一系列仪式表达最大的虔诚，希望能够得到祖先圣灵的某种启示。祖先圣灵的教诲给天子以合法的地位和执政统治的权威，同时明

示教诲天子如何去处理天下大事，因此说祭祀是事关国运的大事。

另外一件事关国运的大事是战争。既然是战争，那就免不了要死人，要有很大的损失，有时候也难免有国灭的危险。但是当国运和个人的命运相权衡时，坚持把军队和老百姓只当作战争的资源，当作取得战争胜利的一种手段，而不是一个个活生生的人，是为圣人不仁。

对于祭祀和战争，天子是慎而又慎，因为神灵怠慢不得。哪怕战争打赢了，也不能沾沾自喜，应该以居丧之礼处之，以哀悲之情待之，即使把对方灭国了，也不能把对方赶尽杀绝，也要为对方保留香火以祭祀不辍，否则断人香火必然触犯神灵，会导致严重的后果。所以，常人刻意求仁未必能得仁，圣人不刻意求仁故能得仁。

"圣人不仁"的第三个层面的含义表现在对己的态度上。圣人不刻意追求仁、义、礼、智、信这些品德。相对于天下大道之本，仁、义、礼、智、信都是枝叶。圣人追求根本性的东西，那就是合道。只有追求根本性的东西，才能够做到安。追求根本性的东西，就会做到"不尚贤"，"不贵难得之货"，"不见可欲"。

圣人不刻意追求历史之名。刻意追求历史之名，难免会多欲，多欲则不安，多欲则民贫，民贫则众乱。所以圣人之治多是恬淡守道。圣人之言行，皆合乎节，也就是守中。所谓"中"，指的是不偏不倚，合乎常道。

道虚空而生生不息，永远不会穷尽。以人生的有限来面对大道的无限是有局限的，所以我们常说差不多就可以了。这个差不多就是离常道不远，不过也无不及的意思。

当今社会流行"内卷"一词。一些人要追求工作的极致和完美，而在追求极致和完美的过程中，完全偏离了"守中"之道。工作的性质不一样，对极致和完美的要求也就不一样。但现实情况是人们往往用同一个标准来要求不同类型的工作，把因特殊情况而要求的尽善尽美的标准推而广之，应用在各种场景中，这样就脱离了"守中"之道。

四

守中致和中的天下观

《道德经》第五章提出了"天地不仁"的观点后，进一步指出符合天道的社会统治也要秉持这天道规律，因此提出了"守中致和"的天下观：

> 圣人不仁，以百姓为刍狗。天地之间，其犹橐籥乎？虚而不屈，动而愈出。多言数穷，不如守中。

老子认为，天地之间犹如一个皮囊做的大风箱。风箱的造型是中空的样子，但其功能却是生生不息，永不枯竭。天地的运行有自身的节奏，不紧不慢，不争不抢，所以人道要符合天道。从某种意义上来说"多说多错，不做不错"未必正确，关键在于是否切中。不做不一定不错，多做也未必佳。有时候不仅"多言数穷"，有时候也会"多闻数穷"。

爷爷和孙子赶着驴走路，不管谁坐驴谁走路都会有人说三道四。孙子坐上驴，有人会说孙子不孝；爷爷坐上驴，有人会说爷爷不爱；两个人都坐上驴，有人会说费驴；两个人都同驴一起走路，有人会说爷孙不聪明。每个人的说法都好像有道理，但谁真有理呢？"多言数穷，不如守中"，唯有遵循内心的意愿行事，或骑或行，唯顺自然而已。

同样的道理，在孩子填报高考志愿的时候，一家三代五口往往会各抒己见，但正所谓艄公多了要翻船，最终拿主意还得靠孩子自己。孩子是最了解自己的，依据自己的意愿，参考大人的意见，最后做出合乎自己意愿的决定，这才是守中之道。

多欲亦穷。一个人的欲望多了，难免会见异思迁，或者是不知所措，或者是精疲力竭。寓言故事中的猴子，本来是去捡芝麻的，看到了西瓜之后把芝麻丢掉了，看到了兔子之后又把西瓜丢掉了，最后兔子跑掉了，猴子一无所得，这就是多欲亦穷，就是"少则得，多则惑"的"适中"之道。

对孩子的教育也需要保持一个适中的状态。孩子对外面的世界非常好奇，什么东西都想要，什么东西都想碰，这时候父母要保持一颗安稳的心，每次外出要买什么东西最好和孩子先有个商量和约定。如果约定每次买一两样玩具，这样就能够保持孩子的这颗好奇的心。比如每次都买一大包玩具，孩子不懂得珍惜，更不会细细地加以研究，则不大可能从中得到玩具的乐趣。孩子多吃则伤其脾胃，孩子多看则伤其眼目，孩子多欲则伤其心志，一切不可太多，一切不可太过，唯守中为最好。

对于所有人来说，时间是最宝贵的。在机关中开会是一种常态。开会是为了解决问题，因此提出问题、分析问题、解决问题是会议的主要内容。会议有大会和小会之分，社会上常说，重要的问题开小会讨论，不大重要的问题开大会讨论，这是有道理的。这里所说的小会主要是指小范围内分析问题和解决问题的会议。因为会议规模小，大家可以各抒己见，提出不同意见和方案，等到大家意见基本一致后，就可以开大会了。开大会就是为了宣传和传达，这个时候开大会，应该是言简而意赅，因为是所有人参加的会议，会议时间越长，耗费的社会资源就越多，会议的长短和会议的效果是没有太大关系的。不是说开会时间越长效果越好，也并非会议越短效果越好，只要能够把问题说清楚，那就是最好的。按照邓小平的说法，开会是为了要解决问题，如果没有问题了，那就把嘴巴一闭，什么都不说。这完全符合老子所说的"多言数穷，不如守中"之道。

生活中如何坚持"守中"之道？在这个世界上，长嘴巴的要吃，长根的要肥，这是自然本性。但是人在社会上常常不懂得"守中"之道，也就是不懂得平衡，这往往带来如下的后果：

> 五色令人目盲，五音令人耳聋，五味令人口爽，驰骋畋猎令人心发狂，难得之货令人行妨。

大道是一个统一整体，古人对天下大道有着漫长时间的探究，形成了对大道这个统一整体的全方位认识。中国古人认为，"自古通天者，生之本，本于阴阳"，人与自然界的变化是相通的，这是生命的根本，生命的根本在于阴阳的变化。从某种程度上来说，人体是个小天体，天体和人体在原理上基本相通。古人认为距离太阳最近的金、木、水、火、土五星和地球上的万物、人体构造相一致，认为世间万事都具有木、火、土、金、水五种特性，是所谓"生不离五，气不离三"。

至于人体，古人认为"阴者，藏精而起亟也；阳者，卫外而为固也"，也就是说人体的阴是蓄藏精气的，人体的阳是保卫外部的。阳保卫人体外部所以具有坚固特性，阴要蓄藏精气因而运动疾速。

世界有五彩缤纷的颜色，有千奇百怪的声音，也有丰富多样的味道。食物各种各样的味道和人体的阴阳密切相关，所谓"阴之所生，本在五味，阴之五宫，伤在五味"，人体的精血来自哪里？主要是来自人所摄取的食物，同时储藏精血的心、肝、脾、肺、肾五脏又会受到摄入食物的影响。

每个人的口味不一样，有的人喜欢酸，有的人喜欢咸，有的人喜欢甜，有的人喜欢苦，也有的人喜欢辣。有的人喜欢味稠，有的人喜欢清淡。总而言之，各种各样的味道都有，总有一两款能够满足你的嗜好。如果长时间偏向于某种嗜好，就会破坏人体的阴阳平衡，只要有一方受到影响，五脏的链条平衡就会被打破，人的身体就会出现问题。

比如有的人喜欢酸的食物，但长期食用酸性食物往往会影响肝气和脾气。肝气受到聚促，脾气就会受到克制，当脾胃不好，人就会没有胃口，吃得不好，人体就会变得虚弱。

有人喜食咸味食品，有的人钟情熏制的食品。食物多盐会使人的骨气受伤，骨气受到影响会直接影响人体肌肉的健康，当人体的肌肉受损，人体就会出现精气滞胀的症状。

甜的食物能开人胃口，但是过多食用甜的食物会使人心气喘闷，在一定程度上会影响人的肾脏功能的发挥，不利于肾气的运行。

过多食用辛辣的食物同样也会影响人的身体，长期嗜辣的人，往往会经脉发生衰退。

"五味令人口爽"，各种口味的食物能激发人的食欲，虽然尽情享受各样美食令人感觉开心，但是经验告诉我们，当人的口味变重了之后，再吃其他的食物就感觉索然寡味，甚至于伤了胃口，脾胃消化不良而影响人体健康。

"五色令人目盲"。狭义的五色指的是青色、赤色、黄色、白色、黑色等五种基本颜色，广义上的五色指的是各种各样的颜色。古人认为各种各样的颜色和人体五脏是一一匹配的。

《黄帝内经》一书指出了各种不同颜色和人体五脏的对应关系，认为"东方青色，入通于肝，开窍于目"，"南方赤色，入通于心，开窍于舌，藏精于心"，"中央黄色，入通于脾，开窍于口，藏精于脾"，"西方白色，入通于肺，开窍于鼻，藏精于肺"，"北方黑色，入通于肾，开窍于二阴，藏精于肾"。

古人认为，五颜六色的环境会使人感觉到心旷神怡、精神愉悦，但长期沉溺其中必然对人体脏器和身心健康带来损害。

我们常把人体的脏器称为五脏六腑，人体的脏器和五种声音是相对应的。五脏指的是肝、心、脾、肺、肾，五音指的是角、徵、宫、商、羽五音。五脏和五音的对应关系是肝对应角、心对应徵、脾对应宫、肺对应商、肾对应羽。欲不可纵，纵欲得殃，长期沉溺于五音之中，不仅直接影响听力，还会对人的五脏六腑带来连带影响。不管是五色、五音，还是五味，都是人的直觉感官享受。当人别弃了淳朴的本性，追逐感官刺激的时候，也就逐渐开始偏离了大道。

"驰骋畋猎令人心发狂"。古代读书人要学习"六艺"，所谓"六艺"指的是礼、乐、射、御、书、数等六大技艺，其中的射指的是射箭。在古代，射箭还是一种政府经常组织的节日活动。普通人只能在射箭场上秀一下技艺，君主和有条件的王公贵族则会经常组织声势浩大的畋猎活动。能凭借自己的技艺猎杀到大型动物的快乐是无以言表的，狩猎之后往往是大型的宴乐活动，参加这样的活动无不令人欢欣鼓舞。

"难得之货令人行妨"。对于大道来说，芸芸众生，一视同仁，无所谓高贵，无所谓卑贱。而人则不同，人追求声色犬马，追求奇珍异宝，追求山珍海味，久而久之，物以稀为贵。难得之货使人的行为发生失常，没有的想拥有，拥有的想要更多，于是人的行为和想法就发生了偏离。老子有无之道的智慧告诉我们，难得之货未必是福。普通百姓的难得之货难免会引来别人的觊觎之心，甚至给拥有者引来杀身之祸，而国宝级的难得之货甚至会给国家带来纷争。

《韩非子》记载，楚国人卞和在楚山上得到一块璞玉，把它献给楚厉王。楚厉王的工匠认为这是一块普通的石头，厉王因此砍掉了卞和的左脚。武王继位后，卞和又把这块玉献给武王，武王的工匠也认为这是一块普通的石头，武王因此令人砍掉了卞和的右脚。文王继位后，卞和抱着那块璞玉在楚山下恸哭，文王派人问其缘由，后令匠人加工璞玉，价值连城的和氏璧因此诞生。和氏璧的诞生颇费周折，后来对和氏璧的争夺差点成为秦赵两国兵戎相见的导火索。

人有各种各样的感官，长了眼睛要看，长了耳朵要听，长了嘴巴要吃，这些本来是人的基本需求，但人往往不满足于这一点。有的人纵情声色犬马，放任五官感受，追求更多奢欲，远超生活必需，那就走向了大道的反面。这不仅对个人身体健康和思想行为产生不良影响，久而久之这种风气的形成对社会的治理更是有百害而无一利。所以，高明的统治者往往依据大道来治理国家，让老百姓吃饱穿暖满足基本需求，引导社会抛弃奢华物欲，使得社会保持纯正、质朴。

老子依据拉弓射箭的原理提出了大道运行的规则是减损有余的，弥补不足的以求平衡。在《道德经》第七十七章，老子指出：

　　天之道，其犹张弓与！高者抑之，下者举之；有余者损之，不足者补之。天之道，损有余而补不足。人之道则不然，损不足以奉有余。孰能有余以奉天下？唯有道者。

大道化生万物，"万物负阴而抱阳，冲气以为和"。世界上的万事万物都有阴阳两个方面，存在于矛盾对立的双方。矛盾对立的双方相互联系、相互作用，从而推动事物不断向前变化、发展。

任何事物都有一个最理想的状态，那就是阴阳相交、你中有我、我中有你、动态平衡的这个状态。这个状态，老子称之为"中""和"。老子认为"和"是天下大道运行的规则和要求。在这里，老子把天下大道"和"的规则以日常生活中的张弓射箭来做比喻。

在古代中国，士人们要学的六艺为礼、乐、射、御、书、数。"射"是西周时期一种平战结合的技艺，孔子在年轻时候参加过乡里的射箭比赛，孔子成年之后还组织他的弟子们参加射箭比赛，也主持过射箭比赛的仪式。

论到射箭，面对目标要掌握一定的平衡技巧，高了不行，低了也不行，拉弓满了不行，力道不足也不行。张弓射箭的目标是要射中靶心，必须要稳定、准确。弓箭举得高了，需要适当往下压一压；弓箭举得低了，需要适当往上抬一抬。拉弓拉得太用力、太满，会导致不平衡，使弓箭偏离方向。拉弓拉得太松，力道不够就达不到目标，就需要增加一点力气。

正确射箭的方法完全符合大道"损有余而补不足"的道理，近代中国"开眼看世界第一人"魏源所说的"暑极不生暑而生寒，寒极不生寒而生暑"也是这个道理。当天气炎热到了极点也就不会再炎热了，而是慢慢开始降温。天气冷到了极点就不会再寒冷了，而是慢慢开始升温，这就是天道的"周行而不殆"。古人说"屈之甚者信必烈，伏之久者飞必决"，一件物品弯曲得太久了，它伸展过来的时候一定很有劲，一样东西潜伏得太久了，飞起来一定会很迅猛。

天之道是这样，人之道却恰好相反。人之道是什么样子呢？是老子所说的"损不足而奉有余"，用唐朝诗人杜甫的话说就是"朱门酒肉臭，路有冻死骨"。人之道揭示了强者越来越强，弱者越来越弱的两极分化现象，也就是马太效应所揭示的：凡有的，还要加倍给他，叫他多余；凡没有的，连他所有的也要夺过来。

在社会上谁能够把自己多余的东西拿出来奉献给天下呢？老子提出这样一个问题离不开当时的社会背景。当时社会上两极分化严重，富者富有四海，穷者无立锥之地，人间的惨剧时时上演，却没有一种力量能够扭转这种情况，其根本原因在于私有制的盛行，统治者把天下大有、公有的东西通通据为己有，使之变成"溥天之下，莫非王土；率土之滨，莫非王臣"的家天下。在这样一种制度下，土地、人口、山林、河湖都可以分封、赠送、买卖或者转让，大批没有资源、没有人身自由的人理所当然陷入贫困境地。

老子所处的历史阶段已经远离西周初年圣人治国的大道社会，是一个无道的时代，所以是不会有人把自己有余的东西拿出来和天下百姓共享，这不仅是阶级局限性所致，更是道德的缺陷性所然。但是也不尽然。为什么说也不尽然呢？虽然当时世界上没有人能够站出来"损有余以奉天下"，但是老子深信有道之人是能做得到的。

老子把有道的统治者称为圣人，圣人在物质方面是知足的，因为他觉得自己所得的东西已经太多了，已经是属于有余者。圣人肩负着牧养万民的责任，他所想的是如何使天下百姓安居乐业、如何使百姓幸福安康、如何为天下百姓多做奉献，因此圣人才是"损有余以奉天下"的有道之人。

圣人有圣人的品质，圣人具有"损之又损，以至于无为"的品质，圣人不需要为自己考虑什么，他所考虑的是天下大事。圣人有"我将无我，不负人民"的品质。圣人不需要为自己积累什么，虽然"圣人不积"，因为"既以为人，己愈有；既以与人，己愈多"。所以圣人虽然做了很多事，但未必为老百姓所知晓，此之谓"太上，不知有之"，即便如此，圣人决不恃满自得，也不居功自傲。

圣人是有道的统治者，整个天下都是他的，那还有什么好追求的呢？还有什么样的荣誉追加在他的身上才能使他满足呢？没有，因为圣人追求的是天下大道。他的付出符合天下大道，因此他也就得到了大道。既然得到了大道，那在人的面前表现自己的圣贤和伟大还有什么意义呢？所以圣人主张"不欲见贤"。

第四章 老子的社会观

德善为本的和谐社会

上善若水的不争之德

报怨以德的合道之善

安居乐俗的国泰民安

老子认为，大道化生万物，玄德畜养万物，万物被赋予各自的形状，发展变化的趋势助其成长。世界万物以大道为至尊，以玄德为至贵。大道的至尊和玄德的至贵在于大道和玄德化育万物、助其成长而不干涉的品格。

老子认为世界万物生长的过程和规律是"道生之，德畜之，物形之，势成之"，大道在其中具有"生而不有，为而不恃，长而不宰"的品德。这种品德具有契合大道的"无"的特征，是以"德"为核心的社会观的源头所在。

但是一般人达不到这个标准和高度，所以老子一再退而求其次，提出了形而下的"道""德"，并不断将其内涵外化延伸，逐渐形成了以"德""善"为核心的社会观。这个基本逻辑是：因为大道丢掉了，所以才强调道德；因为道德丢掉了，所以才强调仁爱；因为仁爱丢掉了，所以才强调义。如果连义都丢掉了，那就强调礼法。基于这个基本的逻辑，老子提出了修道的五个方面的要求，那就是道、德、仁、义、礼，其本质就是老子提出的另外一个重要观点——"善"，它们共同构成了老子所倡导的以"德""善"为核心的社会观。

一

德善为本的和谐社会

在中华优秀传统文化中，道与德息息相关、密不可分。上古时期的三皇五帝，都是德行高洁的人，他们取得天下主要靠德。因为有高洁的德行，所以能做出传世的伟业。《虞书》《尧典》对帝尧的描述乃是"钦明文思安安，允恭克让，光被四表，格于上下"。《舜典》对帝舜的描述乃是"瑞哲文明，温恭允塞，玄德升闻"。至于大禹，在朝堂之上谦虚诚恳，虽有"敷土，随山刊木，奠高山大川"之功，却只是说"予思日孜孜"，也就是说我没什么好说的，只是每天想着把本职工作做好而已。这些古圣先贤因为遵道才有德，因为有德才有功，从而能够成为天下的表率。

在这样的环境下，虞、夏、商、周出现了一批贤良之士，国家的治理深得民心，政权也是绵绵流长地存在。据夏商周断代工程考证，有夏一朝的历史从公元前2070年到公元前1600年，历四百七十余年；有商一朝的历史从公元前1600年到公元前1046年，历五百五十三年；有周一朝的历史，由于有着周公、召公、太公等人打下的深厚文化、制度之基，周朝的王朝统治从公元前1046年武王伐纣灭商建国开始，经历时间长达八百多年，这不能不说是制度和思想的生命力所在。周朝的思想主要是天命论、天道观、天人合一视野下的以"德""善"为核心的社会观。

周初的开国君臣有着虔诚的天命论、天道观，认为一切大事要事都是"受命文考，类于上帝"，因为符合祖先神灵和上帝的意愿，所以能够有信心去推进。而且他们都有一个可以用来检验的标准，那就是民心，所谓"惟天惠民，惟辟奉天"，认为"天矜于民，民之所欲，天必从之"。到了周朝后期，这个思想主张被老子称为"圣人无常心，以百姓心为心"，这样的行为被称为有德、为善。

中华优秀传统文化的核心是人，具体来说是人的活生生的生活、活生生的生命，是为人生。丰子恺、钱穆等思想家认为，人有物质生活、精神生活和灵魂生活这三重生活，分别代表着物质人生、精神人生和信仰人生。如果说对大道的信仰是灵魂生活、信仰人生的话，对道、德、仁、义、礼等道德方面的价值认同则是精神生活、精神人生。中华优秀传统文化塑造了一个万世楷模，那就是"圣人"，孟子的"人人皆可尧舜"赋予了普通人以真正的灵魂生活。以"德""善"为核心建立的道、德、仁、义、礼一系列道德规范，使每个人都在这个道德规范体系中能够找到自己的定位，也能够找到自己道德层面发展努力的方向。这不仅是以"德""善"为核心的社会观的核心内容，也是中华优秀传统文化的核心所在。

凡是成功之人，莫不具有水的不争之德。不争之德，也就是谦恭之德。一个谦卑以待众人的人，则众人必举之。能够做到这一点就是自以为下，越是自以为下，人越是爱之敬之，这就是老子所说的"故大国以下小国，则取小国"的道理。黄石公当年在桥头三次试探张良，张良三次谦而下之，为黄石公捡起鞋子并穿上。黄石公见张良性尚谦恭，最终授其《素书》。后来，张良在《素书》的指引下终成一代良相。

老子本人为周朝守藏室之史，在百姓看来这已是高官，相当于今天的省部级高官了。老子坚持"天下有道则见，无道则隐"的主张，他在看清楚了彼时天子式微、礼崩乐坏的现实后，怀着"有道者不处"的信念，最终挂职而去。当遇到关尹强求留言后，老子为后人留下了五千言，最后西出函谷关，尽享终年，并留名天下。

老子提出了大道之用，那就是圣人之道、君子之道。古人认为，世界上最接近于大道的物质是水，因而老子提出了"上善若水"的论断，并在此基础上提出了"善"的价值观。"上善若水"是因为水具有大道的两大德性，一是利他之性，一是不争之德。水性至柔，善利万物，孕育生命而不为主。水善利万物而不争之德是最接近于大道的存在。老子认为，"坚强者死之徒，柔弱者生之徒"，水有不争之德、柔美特性，常存于天地，应该为世人所仿效，皆因"上善若水"之故。

老子在这里所说的善，本质意义上指的是符合大道规律的行为选择，以及这种合道选择的价值评价。人有人意，天有天意，人合天意，是为大善。依照大道行事为人就是善。这里的善远远超出了好的意思、佳的内涵，是"上善若水"的善。《道德经》告诉我们，契合大道行事为人，就应该像水一样"居善地，心善渊，与善仁，言善信，正善治，事善能，动善时"，能够做到这些的就是"善为士者"。

大道化生万物，具有"生而不有，为而不恃，长而不宰"的品质。水没有自己固定的形态，和道一样，水在自然界中是最为广泛的存在，是构成生命的决定性的因素。水泽被万物，促进万物的生长，但是水从来不和万物争空间、争高低、争荣誉，这就是水的不争之德。宇宙世界有四维空间，万物生长都需要为自己开拓生存空间，唯独水穿行其中。水没有自己的私德，不争夺空间，不争夺养分，不争夺荣誉，处于万物达不到的地方，保守自己的本性，所以老子认为水是最接近于大道的存在。

水本身就是生命的重要组成部分。在地球上，江河湖海里的水占了地球表面的百分之七十一。人体内的水也占了人体质量的七成左右，所以水本身就是生命的主要构成。无所不在的水如大道一样充斥于地球空间。世界上也许有无人之所、不毛之地，但绝对没有水到达不了的地方。水有时候以人类看不到、听不到、摸不到、闻不到的形态存在，如大道的"视之不见，听之不闻，搏之不得"，但确实充斥于天地之间。

和世间其他万物一样，水也有着阴阳两性。水性至柔，水性也至坚。在万物之中，最坚强也莫若水。水升腾为气体，水气无孔不入，无物不能被水所浸淫。地球的南北两极是一般生物难以生存的地方，但是却有水的大量存在。水的能量极大，能够水滴石穿，能够卷起滔天巨浪，能够毁天灭地。人类的一切力量在水的面前如同儿戏，人类在世界上铸造起最强大的堤坝，但假以充分的时日，世界上最强大的堤坝最终也会被水所毁，再强大的敌人最终也会为水所灭。

大凡圣贤之人总选择处"众人之所恶"的地方，不与他人争高下、不与他人争长短。上古之时，洪水肆虐，面对治水这一难题和前人九年治水的失败，大禹选择了接受这一"众人之所恶"的差事。大禹治水三过家门而不入，最终感天动地得以功成。西汉初年，汉高祖刘邦大赏功臣，厥功至伟的张良拒绝了草木茂盛、物产膏腴之地，而是主动选择当年和汉高祖刘邦相遇、相识的留地作为封地，体现的就是甘于"处众人之所恶"的智慧。

有道的领导者常常在艰苦的岗位上选拔人或者锻炼人。在艰苦岗位上工作的人有善利万物而不争的特性，这样的人，无争斗之虞、无觊觎之心，唯有处事之志，足可以担当更大的重任。

二

上善若水的不争之德

老子打了一个"上善若水"的比喻，提出契合大道的行为具有如水一样的品质。什么品质呢？那就是"善利万物而不争"的品质，具体表现在《道德经》第八章的论述中：

> 上善若水。水善利万物而不争，处众人之所恶，故几于道。居善地，心善渊，与善仁，言善信，正善治，事善能，动善时。夫唯不争，故无尤。

整段话的意思是水滋养万物而不为私，流向世人都不喜欢的卑下之地，所以最接近于大道。水停留的地方没人去争，水幽静深邃的胸怀能容人，水成全万物之长而为仁，水因循大道循环往复而有信，水光明正大清静纯洁是为正，水柔弱处下以柔克刚是为能，水有道则显无道则隐是为因时而动。水具有谦下不争的品德，所以没有祸患。

"上善若水"，若水就是像水的样子和特性，这句话可以理解为合道的思想和行为就像水一样，具备水的特性。对于"上善"两字有两种完全不同的理解。第一种是把"上"当作形容词来理解，人们常常把事物分成不同的类别，以前中后、上中下来区别。这里的"上"就是指第一层次的东西,"善"指的是好的行为、契合道的行为。老子在下文中提出了几个善的应用,选择住处契合善、言谈举止符合善、治理国家合于善等。这里的"善"和"上"结合起来就是第一层含义,表示是最好的选择、最佳的选择、契合道的选择。如何契合道?以水作参照。

"上"的第二种含义是其本意,那就是作为动词用的"尚",崇尚的意思,遵循的意思。在这样的语境下,"上善若水"也就可以理解为遵循大道向水学习。其主要依据是水具有大道的两大德性,一个是利他之性,一个是不争之德。

"居善地"。"处众人之所恶"是水的特性选择。俗话说,人往高处走,水往低处流。人道和天道往往相左,天道崇尚自然无为,人道崇尚积极有为。水的至柔特性决定了水往低处走的特性。大家不愿意去的地方水选择去,大家不愿留的地方水选择留,大家不愿处的地方水选择处,也就是说,水不与万物争高下,这一点常为圣人所效仿。

"心善渊"。水具有开阔的胸怀,如深渊一样包容万物,善待万物,利于万物而不害。水不仅不害,而且不自以为是万物的主宰,就像悠远的深谷一样,胸怀开阔,因此永不干涸、用之不穷。道的存在是"小而无内,大而无外",生生不息,用之不穷,因而具有永久的生命力,充斥于天地,因而能够天长地久。水具有大道一样的德性,无私无欲,心胸开阔,是为心善渊。

"与善仁"。水善利万物是为仁,本质是爱。真正的大爱不管对象、不讲条件、不计后果、不求回报。水具有仁爱的品德,助力万物的生长。人体是一个小宇宙,在古人看来,人体小宇宙和天体大宇宙是一致的,因而人应该和自然一样有着一致的

德行。水善利万物，此为仁。所谓仁，于人而言，就是仁，于
物而言就是慈，于事而言就为勇。水助力生命的生发、成长，
成全万物是为仁。在宇宙万物中，有道才有仁，万物中水具有
最接近道的品质，称"与善仁"。

"言善信"。水有"言善信"的品德，这里的言并不是说水
能讲话，而是指水中有道，水之运行契合大道，"道之在天下，
犹川谷之于江海"，在什么样的条件下就表现为什么样的形态，
热了就升腾为汽、上天为云，冷了就冷凝为露、凝聚成霜。春
天到了，万物复苏，雪水融化，涓涓细流泽被万物。夏天到
了，冰川融化，大河奔涌，一路向东。秋高气爽，水升腾为
汽、为云、为雾，聚于南北二极。冬天水冷凝成霜，飘落成
雪，静待春之将至。水的运行循环往复，无穷无尽，水的德性
是大道德性的化身，"独立不改，周行而不殆"，没有人能把
握，没有人能规定，没有人能干预，亘古至今，循环往复，永
无止日。

"正善治"。水具有正直的品格，水正直的品格能为爱民治
国之人提供借鉴。1916年，孙中山先生来到海宁盐官观潮，并
留下"猛进如潮"的墨宝。孙中山先生在观潮时曾说过"世界
潮流，浩浩荡荡，顺之则昌，逆之则亡"。治理天下百姓，要合
水之道，循水之德，下民而不上民，乐民而不恶民，先民而不
后民，从而得到老百姓的认可。作为统治者，施政安民而不乱
民，利民而不用民，朴民而不巧民，礼民而不野民，富民而不
穷民，生民而不死民，则是符合如水的天道，必定得到老百姓
的爱戴。

"事善能"。学习水的德性，善于处理事情，是为"事善
能"。当水之初，涓涓细流可导之、可因之、可循之。及其大
也，滔滔洪流可冲决一切，不可遏制。老子因水的这个德行提

出为人处世、治国安邦"为之为未有，治之于未乱"才是正道。三国时期华佗三兄弟的医术都很高明，其中华佗最为有名。但在华佗看来，他们三弟兄中他自己最为不肖，这是因为华佗认为"治未病为上，治欲病为中，治已病为下"。他的另外两个兄弟以治未病、治欲病为主，实际上技术最为高明，但不为世人所知。"天下难事必作于易，天下大事必作于细"，"事善能"者对于天下的大事和难事，在其发生之前就应该有所警觉，有所治理。治之于未有是治之本，治之于已有是治之末。成事不足，必然败事有余。对于已成之事，则如何待之？对于已经发生的事，就要秉持"成事不说，遂事不谏，既往不咎"的态度。已经发生的事，如泼出去的水势难收回。已经成了的事，无论好坏无须再言。木已成舟，无须当事后诸葛亮，否则对事无益、对人有厌、对己有害。

"善行无辙迹"。一个遵循大道行路的人要充分考虑到天气和环境的因素。君子固守大道，行走于坦途，不立于危墙之下，不暴露在雨雪雷电的旷野中。俗语常说"一人不进庙，二人不看井，三人不抱树，独坐莫凭栏"，说的就是让我们平时远离危险境地，保守身家性命。谨记"父母在，不远游"，因为父母是我们的保护神，能够时时刻刻提醒我们远离凶恶、给我们以正确的教诲。如果迫不得已，子女必须要远行的话，就要做到"游必有方"，安顿好自己的父母，时时刻刻和父母保持联系，沟通所遇到的境况，听取父母的教诲，以免父母操心。

在下雨天，一个"善行"的人是不会有危险的。有三个人出门，一个人带着拐杖，一个人带着雨伞，还有一个人什么都没带。时逢大雨，带伞的人回来时浑身被淋湿，带杖的人脚上沾满了泥，什么都没带的人却干干净净、清清爽爽地回来了。这又是为什么呢？这是因为带伞的人认为有雨伞就可以遮雨行路，但是遮而不得。雨停之后，带杖的人认为可以持杖而行，最后难免脚上沾满了泥土。什么都没有带的人干脆等到雨停了、天晴了之后才走路，既没有被雨淋湿，也没有脚上沾泥，这就是善行无辙迹。

"善言无瑕谪"。所谓"君子喻于义，小人喻于利"，又曰"君子怀德，小人怀土"，君子和小人在言行方面有着很大的区别。因为君子遵道而行德，所以君子持柔守静，不推诿、不虚伪，不会为自己揽功，也不会为自己诿过。君子"言必可行也，然后言之；行必可言也，然后行之"。君子不言则已，"以言有物"，不行则已，"而行有恒"。"君子求诸己，小人求诸人"，"君子坦荡荡，小人长戚戚"，"君子和而不同，小人同而不和"，"君子易事而难说也"，"小人难事而易说"，因此君子之言不会有瑕疵和纰漏，君子总会给人以和颜悦色，娓娓道来，让人心悦诚服。

"善数不用筹策"。所谓筹策，就是古人计算用的筹码，大多为竹制、木制，以辅计算。君子以道德在怀，立于天地之间，其度量之尺度异于常人。大人和小孩在雪地上做游戏，规定走到不远处的一棵松树下看谁的脚印印迹最直。小孩低头盯着自己的脚尖一步一步朝前走，大人则盯住远处的松树一直朝前走。小孩在意的是一步一步的脚印，大人关注的是远处的目标，方式不一样，过程和结果也不一样，这就是每个人心里都有自己的筹策的缘故。

"善闭，无关楗而不可开"。关楗，就是关门窗用的木制锁具。古人的门窗常为木制，关门的木闩，横的叫关，竖的叫楗。"善闭，无关楗而不可开"指的是一个善于管理门户的人家里的门即使不用锁具，别人也不容易打开门户。不用锁具指的是不用物质类的东西，不用关楗而用其他方法来替代，称为智巧，老子明确提倡智慧，反对智巧。

按照这样的推理，开关楗的关键就在于人了。如果全社会都能达到路不拾遗，夜不闭户的程度，有关楗和无关楗又有什么区别呢？既然是无关楗那就无所谓开，也无所谓关，整个国家都达到大治的程度，一个门户的开关又有什么必要呢？

同样的道理，"善结，无绳约而不可解"，真正善于系扣捆扎的人，方法很多，不用绳索也使人解不开。老子在这里是以比喻的方式表明行大道的意义，捆的对象是物，更可以是人。当人心思离的时候，以什么样的东西来凝聚人心才是紧要的。当夫妻在一起生活日久，如果有一方产生离心离德的倾向，另一方靠什么来留住对方的心呢？俗话说，小成靠智，大成靠德，靠智巧只能留住一时，靠德行往往能留住一辈子。

"动善时"。水的运动有条件，也有其规律性。在四维空间中，天时是水运动的第一条件。古人出行多靠舟楫，需先观天象择机而行，顺风逆风，其效不同。把握了水的运动条件和规律，掌握好时机，可以顺水推舟，事半功倍；没有掌握好时机，则如逆水行舟，事倍功半。

行军打仗有三个要素，天时、地利、人和。农民播种庄稼，应当不误农时；学习有学习的时机，错过了学时则会耽误人生；婚配有婚配的时间，错过了婚配时间则生育不顺。因此老子说，"动善时"可以"陆行不遇兕虎，入军不被甲兵"，行走于江湖而不遇到危险，身处于万军丛中而不受到伤害。

水有不争之德，故能天长地久，人多有为之志所以常常碰壁。水性趋下，人性向上；水是淳朴的，人是智巧的；水是空灵的，人是自满的；水是柔弱的，人是刚强的。物壮则老，是谓不道，"坚强者死之徒，柔弱者生之徒"。水性至柔，柔能克刚。水有柔美的特性，有不争的大德，常存于天地，应该为世人所仿效，皆因"上善若水"之故。

三

报怨以德的合道之善

社会上人和人交往、个人和组织交往没有一帆风顺的，矛盾无处不在，怨恨难免产生，和谐社会如何构建呢？次一点的做法就是"报怨以德"。老子为什么反对"报怨以德"？这是因为他还有更高的境界，那就是不要结怨。《道德经》第七十九章提出了"天道无亲，常与善人"的观点。

> 和大怨，必有余怨；报怨以德，安可以为善？是以圣人执左契，而不责于人。有德司契，无德司彻。天道无亲，常与善人。

调和大的怨恨，必然有积怨在心。以德报怨，怎么能够称得上好呢？圣人心怀大道，面对有过错的一方也不会责难对方，因此就不会有怨恨产生。老子以"契"指代利益，提出有德之人心存大道而心无利益，无德之人心无大道而心有利益。大道客观中立，无所谓偏爱，常常以德、善与行道之人保持一致。所谓"小人怀土，君子怀德"，也是这个道理。

小人为什么要怀土呢？这是因为在农业文明时代，有土的地方就会生发出可用之材，有材也就意味着有财，也就意味着有利益。

古人说人生有四大喜，是为"久旱逢甘霖，他乡遇故知，洞房花烛夜，金榜题名时"，也有人说人生有四大苦，是为贪嗔痴、求不得、怨憎会、爱别离。

贪嗔痴的苦源于人的欲望，欲望得不到满足容易产生怨恨；求不得的苦源于人的眼界，人的眼界开阔就能走出狭隘；怨憎会的苦源于人的心境，人的心境通达就能超越；爱别离的苦源于不懂珍惜，珍惜当下或者超越过往就会解脱。

所谓冤家宜解不宜结。怨憎之苦是不容易调解的，这涉及矛盾双方。古人用覆水难收、破镜难圆来表达最遗憾之事难以弥补的心情。当人和人、家和家、国和国之间产生了怨恨，这种怨恨不是一次两次就能调和好的。哪怕表面上调和好了也必然会留下后遗症。这些后遗症在一定情况下有可能发生新的矛盾，所以老子说调和怨恨不是好的行为。

按照字面理解，老子对于产生怨恨之后的调和行为持一种怀疑态度，以"安可以为善"的反问来表达他真实的情感倾向。在这里，老子到底要表达什么思想呢？从老子一贯主张的守静、持柔、为而不争的观点来看，产生了怨恨之后无须主动去调和，那么是要让矛盾自然而然地消弭？

这种感觉和判断似乎也不对，我们结合下文来看看是不是能够找到正确的理解。老子继续提出"是以圣人执左契，而不责于人"，即遵循大道的统治者因心中怀揣大道而不问责于人，从中我们能够理解老子的真正观点，那就是不要结怨。不结怨就不会有大怨，也不需要去调节，也不会留下后遗症。

矛盾的产生与矛盾双方的争夺分不开，或是为争夺人口，或是为争夺土地，或是为争夺金钱，或是为争夺荣誉，或是为争夺面子。总而言之，矛盾的产生大多出于各自利益，甚至于有些争夺出于一时之误会。

如何避免产生矛盾？秉持大道的守静、持柔、无为、不争之德就不会产生怨恨。一个连自己都视为无物的人，一个连自己的作为都要取消的人必然没有什么想要争夺的，也不会有什么可以结怨的。不产生矛盾，不有所争夺就不会结怨，就是属于善的行为。

社会上常常发生借贷行为，有的借粮借物，有的借钱借财。一般来说，借入的一方往往要写上借贷凭据，我们称之为"契"，也就是契约、欠条。

在借贷关系中，借出的一方往往是主动的一方。到了约定的归还期而未能归还，借出的一方要向借入的一方讨债，讨债的时候往往拿着借据责难对方。

"圣人执左契"，表面上的意思是得道的统治者有很多借据，向别人讨回借物而不责难别人。再仔细想一想，其实不应该这样理解。圣人怎么会直接向老百姓去讨要借出之物呢？老子实际上在这里又用了一个比喻。

在矛盾双方中，肯定有一方做得不好，甚至是理亏的。借贷双方如果产生了矛盾，很多时候是因借入的那一方不能及时归还而引起。老子在这里把自己比作借出人，把产生矛盾的那一方比喻为借入人，同时把大道比喻为借据，手中有了借据也不向借贷的人讨要，比喻心中有了大道面对有过错的一方也不会责难。如果这样做了，那还会有什么矛盾会产生呢？

在历史上还真有这样的典故。冯谖在孟尝君门下做门客，有一次他主动代孟尝君到薛地收租。到了该地，"使吏召诸民当偿者，悉来合券。券遍合，起，矫命，以责赐诸民"。冯谖把当地欠租欠贷的人全部聚集到一起，核对了所有的契券，假借孟尝君的名义把所有的债务都免除了，并当场把所有的契券都烧了。

　　过了几年，孟尝君被国君削除职位，离开国都到封地去。在距离薛地还有上百里路程时，他就遇到了扶老携幼前来迎接他的老百姓，"迎君道中终日"，这时候孟尝君才明白冯谖的用意，不由得称赞冯谖说"先生所为文市义者，乃今日见之"。

　　有道之人和无道之人在对待债务契约这个问题上是有不同的。心存大道者心里只有大道而没有契券，不管你还还是不还，都不会影响有道之人的情绪，因此不会产生矛盾，也不会带来积怨，所以就不会有"和大怨"的行为，更不会有"余怨"的存在。无道之人恰好相反。无道之人心里没有大道，只有他借给别人的钱物或者是别人写给他的借据，他只管去收取租税，在这个过程中难免会产生矛盾，产生官司，甚至产生怨恨。

　　大道的运行是"独立不改"的。大道客观存在且不受人力外力所影响，所以说"天道无亲"，对所有人一视同仁、不分亲疏。但是天道是偏向于那些信守大道的人，因信守大道，所以会努力向着老子主张的方向去治理国家、处理事情，努力"为无为"，"事无事"，"味无味"；"常善救人"，"常善救物"；"生而不有，为而不恃，长而不宰"；努力不为主而为客，不为先而为后，不进寸而退尺。因信守大道，所以能做到"居善地，心善渊，与善仁，言善信，正善治，事善能，动善时"。信守大道的人能做到上善若水，水是最接近大道的物质，所以信守大道的人也就是最贴近大道的人，也就是能享受到遵循大道所带来的好处的人，这就是"天道无亲，常与善人"。

四

安居乐俗的国泰民安

老子的时代是小国寡民的时代，什么是小国寡民呢？老子生活在周朝，周朝初年的势力范围非常广，实施分封制。在周王朝强大统治基础上的分封制有同姓封国、功臣封国以及主要部落封国、古帝王后代封国几种情况，各个小国国家不大、人口不多，便于管理。这样的时代有什么特征呢？这在《道德经》第八十章中有详细的描述：

> 小国寡民，使有什伯之器而不用，使民重死而不远徙。虽有舟舆，无所乘之；虽有甲兵，无所陈之；使人复结绳而用之。甘其食，美其服，安其居，乐其俗。邻国相望，鸡犬之声相闻，民至老死不相往来。

小国寡民就是国家小、人口不多。那该如何治理呢？虽有许多智巧之器具、念头和想法而不去使用；使老百姓珍重生命、安土重迁。社会稳定有序，虽然有车船可供出入使用，但老百姓却不用；虽然有很多武器装备，却没有实际用处，使人民回到淳朴的状态。百姓吃得好，穿得好，住得好，依循自己的风俗习惯安居乐业，其乐融融。相邻近的国家之间和平相处，鸡犬之声相闻，百姓之间没有来往也就不会有什么矛盾，人与人之间、国与国之间的冲突也就没有了，这样就达到了天下大治的局面。

老子在这里提到的小国寡民是不是就是他所认为的最理想的国家状态？要想弄懂这一点，必须要结合老子当时所处的时代背景。

武王伐纣，牧野之战后商朝主力部队溃败，商纣王登鹿台自焚而死，商朝的统治覆灭。武王建立周朝后定都镐京，史称西周。西周时期国家的疆域大大扩大，正所谓"溥天之下，莫非王土；率土之滨，莫非王臣"。如何管理这样一个拥有庞大疆域的国家是摆在西周立国者面前的最大难题，分封制和礼乐制应运而生，成为西周初年国家治理的两大支柱。

老子所说的小国寡民是当时的一种客观存在。在这样的状态下如何实施治理？老子依据天下大道守静持柔、无为不争的要求提出了一些参照：人民保持一种淳朴的状态，虽有许多智巧之器具、智巧的念头和想法而不用。有而不用是为无为。治理国家使老百姓思想淳朴，使老百姓安土重迁、珍重生命，注重自身所担负的家国责任，不因随便追逐外在的物欲而到处奔走，甚至流落他乡。

这样一来，社会就会稳定有序，国家和国家之间就少了纷争。虽然有车有船可供人出入使用，但老百姓却不使用；虽然有很多武器装备，但因为没有战争而没有实际用处；人民安于稳定而不轻易迁徙，国家有所装备而不动武。

"使人复结绳而用之"。结绳记事的出现是人类社会的一大进步。尽管如此，结绳记事的年代仍是人类社会的早期阶段，此时人类还没有脱离淳朴的天性。而老子所处时代，社会已经发展了，文字也出现了，青铜工具、冶金技术也出现了，人类社会再也回不到从前。这是一个最基本的常识，但老子在这里为什么会提出"使人复结绳而用之"呢？这里老子提出的"使人复结绳而用之"并非实指而是虚指，是指人们的思想回复到一种淳朴的状态。人们的思想回复到淳朴的状态，就能达到一种天下大治的局面：人民吃得好，穿得好，住得好，依循自己的风俗习惯安居乐业，其乐融融。

老子提出"以身观身，以家观家，以乡观乡，以国观国，以天下观天下"，如果天下诸国都能够做到遵循大道治理，让老百姓幸福安康，那么国家和国家之间自然会和谐共处，哪怕相邻近的国家之间也不会有什么矛盾，人们之间的冲突也就没有了，这样就达到了天下大治的局面。

这样的局面能实现吗？老子把它当作人类社会最理想的状态的认识是有一定局限的，但其中所蕴含的道理确是真实可信。大道天下行，人们回到淳朴的状态，"去甚，去奢，去泰"，人人安居乐业，物质富裕，精神富有，这不正是今天的我们所追求的吗？

老子提出"以身观身，以家观家，以乡观乡，以国观国，以天下观天下"，就是因为天下大道是相通的。本章虽然说的是小国之理想治理，实际上折射出老子心中理想的天下模式。另外，"家是最小国，国是最大家"，这不也给我们修身、齐家、治国、平天下提供了一个借鉴、方向和价值引领吗？

第五章 老子的道德观

以身观身的道德构建

损之又损的道德修养

生而不有的大德玄德

五位一体的道德体系

传统文化中的道德观有狭义和广义之分，有抽象和具象之别。老子所说的道德观是遵循大道特性和规律的思想、观念、看法和态度，以及在其影响下的价值选择，带有普遍性特征。传统文化中的道德观主要是指个人的道德观，具体表现在言行是否契合道、德、仁、义、理、智、信等社会公认的基本而具体的规范，这在儒家体现为"仁""爱"的价值体系。可以说老子的道德观是客观的，儒家道德观是主观的；老子的道德观具有普遍的指导意义，儒家道德观带有主观的价值追求性，两者共同构成了中华优秀传统文化中的主体道德观。

　　老子的道德观是抽象的，是形而上的存在。老子的道德观直接和"大道"关联，大道化生万物、玄德畜养万物，使万物生长发育，助万物成功成就，使万物循环回复，这是万物生灭之规律。在这个过程中，大道化生万物而不据有，有所作为而不自恃，助其成长而不主宰的品德就是大道幽远深邃的品德。

　　大道是至尊的，玄德是至贵的。大道的至尊和玄德的至贵，就在于大道和玄德化育万物、助其成长而不干涉的品格。大道具有玄德的品格，这是天下万物所具有的道德品德之源。

一

五位一体的道德体系

先秦时期，周朝是一个伟大的朝代，在政治、思想、文化方面有着开创性的实践和贡献，由此孕育出深刻影响后世的伟大思想。在天道思想世俗化的过程中，周初的思想家们厥功至伟，周朝后期的思想家们也贡献巨大，除了老子，儒家基于大道思想的践行，进一步把天道思想世俗化。如果把老子的思想称为系统的天道理论，那么，孔孟思想即为天道在世俗世界的实践，集中表现为以"仁""爱"为核心的道德观。

关于"仁"，《说文》认为"仁，亲也"。《礼记》称"上下相亲谓之仁"。《春秋·元命苞》提出"仁者，情志好生爱人，故立二人为仁"。儒家进一步发展了"仁""爱"的思想，形成了关于"仁""爱"的完整体系。什么是仁？古人对仁的概念的探究从没有离开过大道。

相对于处于根本初始地位的道，古人提出了形而下的道，也可以说是形而上的道的具体的人为应用，那就是道、德、仁、义、礼的五位一体。《素书》认为，天道、德行、仁爱、正义和礼制是为人处世的根本遵循。王弼提出，道、德、仁、义、礼是"是教人正心、修身、齐家、治国、平天下的道理；若肯一件件依著施行，乃立身、成名之根本"。道、德、仁、义、礼五种品质是"一之所以贯五，五所以衍一"的关系，它们虽相互区别但却是密切联系、浑然一体的存在。

什么是道？"道者，人之所蹈，使万物不知其所由"。作为为人处世根本准则的大道，是宇宙万物生生不息、绵绵不绝的运行准则。对大道的认知，仁者见仁，智者见智。普通人感觉不到大道的存在，所以大道是百姓日用而不觉的存在，是为"人之所蹈，使万物不知其所由"。

什么是德？"德者，人之所得，使万物各得其所欲。"天有天德，春夏秋冬、寒来暑往，阳光雨露泽被万物是为天之德；地有地德，飞禽走兽各安其居，山川万物各遂其性是为地之德；"以安居养性，正心修身"，"穷则独善其身，达则兼济天下"，"为天地立心，为生民立命，为往圣继绝学，为万世开太平"是为人之德。

什么是仁？"仁者，人之所亲，有慈惠恻隐之心，以遂其生成。"所谓的仁是指人在人和人、人和万物之间的关系中让万物各得其成的慈悲恻隐之心。

什么是义？"义者，人之所宜，赏善罚恶，以立功立事。"所谓义，是道理所在的地方，是人们应该遵守的行为规范。有了这样的行为规范做标准，按照义的原则，人们就可以奖善惩恶以成事立功。上乘的义气之于人，往往量宽容众，志广安人，爱善如亲，谦下恭敬。上乘的义气之于事，则顺事物之理为善，逆事物之理为恶，使国家有法、社会有序、家庭有规、行军有纪。上乘的义需要刻意为之，因而奖善惩恶是"义之理"，所以需要主动断之、刻意为之，是为"上义"。

什么是礼？"礼者，人之所履，夙兴夜寐，以成人伦之序。"天下万物为何并育而不害？就是因为在天下大道中各有各的规则，遵循规则则万物有序。礼就是一种规则，就是人们日日身体力行的为人处世的行为规范。具体来说，国家层面的礼就是法律法规，社会层面的礼就是规章制度，家庭层面的礼就是家风家训，个人层面的礼就是道德修养的外在礼仪规范。国家的长治久安、社会的安定有序、家庭的和睦敦厚、组织的健康发展、个人的品行养成都离不开礼。

在国家治理中，有了上乘的礼仪，制订了完善的规范制度，但如果得不到人们的响应和遵守，那么礼也就失去了作用，统治者只好用其他的手段来治理国家了，其中一个重要的手段就是法治。中国古代有"敬酒不吃吃罚酒"一说，"敬酒"可以理解为礼治，当礼治起不了作用，那就用"罚酒"，用法制的强制力量来施行统治。

治理天下国家先有天下大道，失去了天下大道则寄希望于道、德、仁、义、礼，当这些都不能起作用了，那就制定诸多的法律规范来维持社会秩序。所以老子认为，礼是道、德、仁、义失去之后的产物，是"忠信之薄而乱之首"，当礼都丢失了，法的应用也就成了必然。

天下大道是让人们懂得什么是善、什么是恶，以及如何去恶从善。但由于百姓日用而不觉，天下失道的结果就是失德，失德的结果就是失仁，失仁的结果就是失义，失义的结果就是失礼。礼有时候也是礼法的代称，包括法。从国家层面来说，礼就是法律规范。法律规范的目的是让人们明白什么可以做，什么不可以做，不可以做之事做了之后会受到什么样的处罚，违背法律法规的行为会给个人、家庭甚至天下带来祸患。

道、德、仁、义、礼本为一体，都是为人立身修德的根本。老子认为，大道虽在，但也会被人丢失，丢失的结果是"道散而为德，德散而为仁，仁散而为义，义散而为礼"。所以最为关键的是道，道不散，德、仁、义、礼就不会丢失。

二

生而不有的大德玄德

老子的道德观直接和"大道"关联，个体遵道循德，修养自身是根本。《道德经》第五十一章提出：

> 道生之，德畜之，物形之，势成之。是以万物莫不尊道而贵德。道之尊，德之贵，夫莫之命而常自然。故道生之，德畜之：长之、育之，成之、熟之，养之、覆之。生而不有，为而不恃，长而不宰，是谓玄德。

大道化生万物，玄德畜养万物，万物被赋予各自的形状，发展变化的趋势助其成长。世界万物以大道为至尊，以玄德为至贵。大道的至尊和玄德的至贵就在于大道和玄德化育万物、助其成长而不干涉的品格。

所以说大道化生万物、玄德畜养万物，使万物生长发育，助万物成功成就，使万物循环回复，这是万物生灭之规律。在这个过程中，大道化生万物而不据有，有所作为而不自恃，助其成长而不主宰的品德就是大道幽远深邃的品德。

世界万物丰富多彩，每一物体都有其来源、本体、本性和发展变化的趋势。事物的本原就是指事物从哪里来，事物的本质是事物之所以区别于他物的内在规定性。任何事物都有始有终，由始到终的方向性即为趋势。

　　世界万物从哪里来？老子认为世界万物的本原就是大道。大道化生万物，称为"道生一"。"道生一"包含着两个层次的含义：第一个基本层次是万事万物产生于大道，大道是万物的唯一来源；第二个层次是大道所产生的万物都是一个整体，万物不仅具有内在的规定性，也具有和他物之间的联系性。内在的规定性是区分一物与他物的本质特征，内在的规定性之间也具有普遍联系的特征。一物与他物之间的联系构成了一个整体，这是外在的整体性，这个内在的整体和外在的整体遵循着一整套共同的规律，共同的来源、不同本体的共同规律性、共同的归宿共同构成了万物的一体性，这就是"道生一"中"一"的深刻内涵。

　　大道化生万物，万物是如何被畜养的？在这个问题上，老子提出了一个"德"的概念。万物的生长有其内在的规定性、趋势性，表明其发展变化趋势是必然的、绝对的，但同时又受到一定条件的限制。事物发展的条件是辩证的，既包括助其发展的条件，也包括限制其发展的条件。老子把有助于万物发展的条件和特性称为"德"，把对万物"生而不有，为而不恃，长而不宰"的品格称为"玄德"，就是大而无边的至德。

　　世界万物纷繁复杂，有固体的形态、液体的形态，还有气体的形态，也有电磁、射线、光、热、粒子、量子等不同形态的物质。世界万物有动物形态、植物形态，也有微生物形态；有有机物形态，也有无机物形态；有物质形态，也有思想、观念、能力、态度等非物质形态。

　　大道化生万物，万物蕴含着大道。万物有生有死，有始有终，即所谓"出生入死"。从无到有、由生入死是一个过程。每一个生命的过程，从上一步到下一步，再到下一步的发展趋势构成了此物发展变化各阶段的特征，这就是老子所说的"势成之"。

天下万物的生长变化，都有一个起点，这个起点我们称为"元点"，也是"原点"。万事万物都有一个共同的原点，这个原点就是大道。大道是万事万物的原点，是起点、是开始，没有这个大道就没有万物的存在，更不会有万物的发展。没有离开道的物质，也没有离开物质的道，所以万事万物都是以道为至尊。

天下万物的生长变化离不开一定的条件，主宰这些条件的品质也属于德的范畴。大道之德为正德，其能促进事物的生长变化，因而万事万物以德为贵。大道是至尊的，玄德是至贵的。大道的至尊和玄德的至贵，就在于大道和玄德化育万物、助其成长而不干涉的品格。

大道具有玄德的品格，这是天下万物的本原、总根据。天下大道能化生万物，天下大德能畜养万物，使万物生长发育、成长成熟。在这个过程中，大道具有"生而不有、为而不恃、长而不宰"的德行，也就是说，大道化生万物但不据为己有，大道养育万物但不自恃有功，大道成全万物而不为万物的主宰，这样至高至大的品质我们称为"玄德"。"玄"就是至深、幽远、深邃的意思。

世界万物是本原、本体和本质的统一。本原、本质是本体的本原、本质，本原是天下万物的来源和归宿，本质是本体的根本特性，本原、本质都是形而上的存在，本体是形而下的存在。天下万物都有符合大道的本性，乃是"生而不有，为而不恃，长而不宰"。天下万物的生长化成需要阳光雨露，而宇宙世界能够给天下万物提供阳光雨露，但从来不寻求回报。生命体需要阳光、空气和水，大自然提供给世界生命得以繁衍发展的一切条件，但从来不认为自己是世界的主宰，这实则体现了"天道无亲"的特性。只要是生命需要，大自然都会一视同仁，不因为人为的好或者恶而有所区别，这就是常说的"太阳照好人，也照歹人"，"照善人，也照不善之人"。

大道的运行有着"损有余而补不足"的规律性特征，同时也有着"生而不有，为而不恃，长而不宰"的特性。天下万物的生长发育需要水，需要阳光，需要空气，需要各方面营养。大道化生出来的一切能够满足生命生存和发展的需要，大道从来不求回报，不为主宰，不自恃有功，"损有余而补不足"是大道的特性。在这个方面，人道和天道完全不同。天道是"损有余而补不足"，人道则是"损不足而奉有余"。杜甫诗中的"朱门酒肉臭，路有冻死骨"就是人道"损不足而奉有余"的生动刻画。

大道"生而不有，为而不恃，长而不宰"的特性高度契合"大道之行，天下为公"的价值观。现代社会的人基本上都出生在医院，那些接生的医生和护士们每天都接生不少的新生命，但是大道规则告诉他们，这些新的生命虽然是他们接生的、甚至有些是他们挽救的，但是他们却不能够将之据为己有，也不能够自恃有功。

现代社会的每一个人都要经历各种教育。在学生成人成才的过程中，老师们发挥的作用是必不可少、无可替代的，但这是否就意味着这些学生的成功都是老师的功劳呢？答案是否定的。医生大道、教师大道告诉我们，不管什么样的成功都不应该把这些功劳记在自己身上，也不能把这些功劳揽在自己身上，这样做才符合"生而不有，为而不恃，长而不宰"的天道。

在现代社会中，影响地方经济社会发展的因素有很多，带头人的作用显得尤其明显。社会上有这样一句俗语，叫作"要想火车快，全靠车头带"。一个称职的领导、有责任和有能力的领导确实能够带领一方快速发展。在各方条件都差不多的两个区域，称职的领导和不称职的领导的作用有相当大的不同。在某个地方某些领导发挥了重大的作用，使经济社会发展出现了显著的进步，这个时候他们对待这些功劳的态度是很重要的。如果不懂得"生而不有，为而不恃，长而不宰"的大德，很容易沾沾自喜、自以为是，很容易好大喜功、目空一切，其结果未必佳。

"生而不有，为而不恃，长而不宰"的品德，今天看起来就是谦虚、谦逊的品格。在人类历史上，把具有谦虚、谦逊品格的人和具有骄傲自大、自满品格的人相比较，前者走得更远，而后者往往以悲剧结束的多。在今天全面从严治党的大背景下，一大批伸手被抓的人的经历告诉我们，思想往往是行动的先导，有些领导干部虽然做了事、做成了事，但因不懂得"生而不有，为而不恃，长而不宰"的天道，自认为功不可没、舍我其谁，因而心理失衡，伸手主动或者有意被动地去谋求自己的利益，结果就走向了人生的不归路。

关于如何修道，《大学》首先提出了"物有本末，事有终始"的本末论，继而提出"知所先后，则近道矣"的观点。天下大道告诉我们，万事万物都要尊道而贵德，治理国家也要尊道贵德，这是国家治理的根本。子贡向孔子请教如何治理国家，孔子认为要想治理好一个国家，要粮食充足、兵强马壮、人民有信。子贡继续问："必不得已而去，于斯三者何为先？"曰："去兵。"子贡曰："必不得已而去，于斯二者何先？"曰："去食。自古皆有死，民无信不立。"

如果在粮食充足、兵强马壮、人民有信三方面一定要有所取舍的话，孔子认为人民有信最重要。人民有信不是虚空的，而是实实在在的，因为"信"符合天道的确定性。"暑极不生暑而生寒，寒极不生寒而生暑"是四时之信，"月满则亏，水满则溢，花满则衰"是自然之信，"爱满则痴，人满则损"是社会之信。无信则无以立，人民有信是立国的根本。

人有信是尊道贵德的要求。把握人心、顺应民心就是遵守天道的表现，就是把握了事物的本质，因此《大学》提出了"君子慎乎德"的观点，认为"有德此有人，有人此有土，有土此有财，有财此有用"，在此基础上进一步提出"德者，本也，财者，末也"的本末论。

德本财末论在领导艺术上的应用也很常见。军事领导者的性格脾气不一样、道德修养不一样，带兵治军的方法也各不一样。西汉时期的"飞将军"李广带兵治军很有一套，士兵们往往能够追随其左右，其中一个很大的原因是李广深知"财散而人聚，财聚而人散"的道理。在行军途中找到水源后，李广往往先让士兵们喝好，然后他才开始喝水。有了奖赏之后，李广把自己应得的那份赏赐也分给士兵。在激烈的战斗中，李广也常常是身先士卒，临危不惧，是"后其身而身先，外其身而生存"的典型，体现了"即吾无身，吾有何患"的品质。

"生而不有，为而不恃，长而不宰"是老子无为思想的精华，是大德玄德的体现。无为不是没有作为，也不是不作为，而是有条件而为，有为有不为，以为而无为，最后天下大事无不为。

三

损之又损的道德修养

修养一词包含着两个方面的含义，一个是"修"，一个是"养"。"修"是内在的，是主要的，"养"是外在的，是次要的。两者密不可分，有着不同的权重，两者的结合构成了道德提升路径的一体两面。《道德经》第四十八章论述了道德修养的原则，那就是"损之又损"。这又该如何理解呢？

> 为学日益，为道日损。损之又损，以至于无为。无为而无不为。

老子认为修养大道和学习知识是不一样的，知识越学积累越多，大道越修减损越多。减而又减，损而又损，最后达到无为。以守静持柔、无为不争来治理天下，则天下无不治。

如何提升道德修养呢？《道德经》面世后，成为两千多年来诸多学者学习研究阐释的对象。古人认为大道是道、德、仁、义、礼的五位一体，"离而用之则有五，合而浑之则为一"。儒家则把学习大道作为修炼三纲之首的内容，提出了"大学之道，在明明德，在亲民，在止于至善"的观点。这里的德是大德观，是道、德、仁、义、礼的五位一体。"亲"通"新"，即一棵树旁边放一把斧子以修束树干的意思，内含推陈出新之意。因此，这里的"亲民"就不能解释成亲近人民，也不能解释成使人亲近。"亲民"实指"新民"，也就是使人"日日新，又日新"，通过"三省吾身"，"过然后知改"，"见贤思齐"，"以身观身，以家观家，以乡观乡，以国观国，以天下观天下"进行修炼提升，使每天都是一个全新的自己。本质上，这就是一个修道的过程，最终的结果是"损之又损，以至于无"。当一个人达到了"及吾无身"的程度，就是连身体这个臭皮囊都没有了，也就能达到"吾有何患"的境界，这和"我将无我，不负人民"的道理是一样的。

"止于至善"是儒家的目标，这和老子的思想还是有差异的。老子的修道思想是"损之又损，以至于无"，儒家的修炼目标是"止于至善"。什么是至善？至善和老子所说的上善若水是相通的，而"上善"是老子大道思想体系中的实用方面，也就是道之用。

儒家思想是入世的思想，入世思想的形成一方面靠内在的修，另一方面靠外在的养，两方面的结合就是修养。老子的《道德经》对大道修养的逻辑有一个明确的论述。

《道德经》第三十八章先是论述了道、德、仁、义、礼的上下之别、有无之别，并进一步提出了由道到礼的逻辑过程：

> 故失道而后德，失德而后仁，失仁而后义，失义而后礼。

老子进一步提出"夫礼者，忠信之薄而乱之首"，进而提出"前识者，道之华而愚之始"。什么是"前识者，道之华而愚之始"？前面所说的道、德、仁、义、礼这些东西都只是大道的华丽外衣而已，都是一些暧昧不明的东西，不是大道本身。

古人认为"形而上者谓之道"，形而上的道是超越的，道是自在、自有、自永的存在。一些科学家认为宇宙世界是由宇宙大爆炸而产生的，他们研究的是宇宙大爆炸之后的物质世界。宇宙大爆炸之前的对象是不可研究的，因为这包含在"深不可识"的大道本原中，是大道自在、自有、自永和玄之又玄的特点所决定的。

古人认为"形而下者谓之器"，器由大道化生而来，因而是有限的。儒家所说的道、德、仁、义、礼就是从器的层面来认识天下大道的特点和规律。关于什么是道、德、仁、义、礼，《素书》提出："道者，人之所蹈，使万物不知其所由"；"德者，人之所得，使万物各得其所欲"；"仁者，人之所亲，有慈惠恻隐之心，以遂其生成"；"义者，人之所宜，赏善罚恶，以立功立事"；"礼者，人之所履，夙兴夜寐，以成人伦之序"。

从逻辑上来看，首先因为天下失道，所以就失去了后面的德、仁、义、礼，而要想恢复大道，自然而然就要先恢复德、仁、义、礼，从而恢复大道。殊不知，道、德、仁、义、礼五位一体的道和大道是两个概念，形而上的道和形而下的道有联系，但有根本上的不同。常人往往不能区分，以为好好学道就能够有道，其结果就是学习越多，所掌握的知识越多，但是离大道却越来越远。

一个人想要为道、行道，路径究竟有哪些呢？路径就在《道德经》中的字里行间。如果还不理解的话，可以借用《中庸》的一段文字来认知。《中庸》如此阐述性、道和教的内涵和关系，认为"天命之谓性，率性之谓道，修道之谓教"。这三句话的意思是说，上天所赋予人的本始的东西就是性，有时候也称为"天性"，遵循人的天性就是道，遵循道来修养自身就是教。天性是什么？老子把它比喻为出生的婴儿所具有的一切特性，所以为道就可以理解为时时、事事要损，损之又损，以达到婴孩所处的自然纯朴的状态——守静、持柔、无为、不争。

婴儿的无为不是绝对的无为，作为生命体，有趋利避害的自然本性，只要能保证这样一种自然本性，在为人处世中以守静、持柔、无为、不争的态度来对待客观世界就是"无为，而无不为"。这给国家治理以深刻的启示，统治者治理国家不要恣意妄为、无事生事、苛捐杂税、刑法严酷、刻薄寡恩、其政察察、贪婪无度、恣意享乐、好大喜功。为政不道是治理不好国家的，这在中华民族五千多年的文明史上有过深刻的教训。

治国如治家，修身如修国。在今天的社会中我们绝大部分的人大概率也成不了圣人，可能会有极个别人会成为时代的贤人，绝大部分的人还是平常人。平常人也有修道的权利和悟道的需求。领会"损之又损，以至于无"的修道智慧，对人们修身和齐家大有裨益。

家庭是社会的基本细胞，中国古人特别重视家庭伦理。帝舜时代把父义、母慈、兄友、弟恭、子孝称为"五典"，舜在继承帝尧前经过了家庭、社会、国家和自然四个层面的考验。家庭中父母和子女的互动关系，从长期来看是一个"损之又损"的过程，父母对子女的干涉是逐步减少的过程，以至子女在社会上独立思考、独立行事、独立言行。父母和子女互动的最终结果就是"以至于无"。

对于出生的婴儿，因其无为所以我们要为之负责一切。随着孩子慢慢长大，到了能自主走路的时候，大人也就要慢慢放开手了，让孩子自主处理一些问题。等到孩子成年之后，除了一些正面的价值引导之外，父母最好不要掺和孩子的具体生活。等孩子到了谈婚论嫁的阶段，乃至于成立了家庭，这个时候父母少一些指指点点，甚至于最好不要多说话。唯有如此，两代人之间的关系才会正常，否则，家庭矛盾会逐渐滋生和积累，是谓"损之又损，以至于无"。

天下大道，大而无外，小而无内，柔弱胜刚强，遵道循道的人从细微的方面就能看清事物的本来面貌，这称为"明"，能够守住自己柔弱的一面，这就是"强"。唯有坚守大道的原则，以此来指导我们的行为和生活，使迷失的自我重新认识大道、接纳大道、遵守大道，从而让我们的人生脱离凶恶、远离灾难，这就是我们要遵循的常道。

古人有"格物、致知、诚意、正心、修身、齐家、治国、平天下"之说，其中的格物、致知就是通过对某一具体事物的深切了解和感悟，认知其内在的规律性特性和本质性属性。明朝思想家、政治家王阳明也曾经尝试格物——他所格的对象是竹子，经过七天七夜的格竹，最终非但没有格出什么所以然来，反而使自身大病一场。这就充分体现了道法自然的特性，"天下神器，不可为也。为者败之，执者失之"，所以说"取天下常以无事，及其有事，不足以取天下"。

暂且抛开老子无为而为的思想，天下万物本为一体，单单把竹子当作格的对象，而抛开了和竹子密切关联的整个系统，这样孤立静止地看待单一的对象是难以理解其本质属性和获得规律性认识的。

天下万物是本原、本体和本质的三位一体，如果能够认识天下大道也就能够认识天下万物，因为天下万物是由大道所化生的。如果能够通过认识天下万物进一步了解化生万物的大道，终身遵道循道、守道行道，人生就会减少很多危险和祸患。但是这个道理并不是所有人都能知晓的，甚至有很多人知道就是做不到。所以，当今世界追逐金钱、名誉和地位而不追求大道的人比比皆是。殊不知，金钱、荣誉、地位乃是末，天下大道才是本，舍本逐末往往得不偿失，代价极大。

一个人的成才也是这样。一个人的成才莫不是经年积累的结果，这个经年积累就是依道行道的过程。春秋时期的政治家管仲说，"一年之计，莫如树谷；十年之计，莫如树木；终身之计，莫如树人。一树一获者，谷也；一树十获者，木也；一树百获者，人也。我苟种之，如神用之，举事如神，唯王之门"。没有树就没有立，没有源就没有流，没有道就没有本，没有本就没有末，就没有所食之谷、所取之木、所用之人。金钱、荣誉、地位就好比树上结的果子，要想有长久的收成，就必须精心耕耘，舍得花时间和精力把果树培育好。冬天修剪，春天松土，夏天除虫、施肥，做好田间管理工作才能换来秋天的累累收获。

依道行道，首先要修道悟道。那么，一个人如何做到修道悟道呢？老子提出了一些长期遵循的法则，首先是"塞其兑，闭其门"，也就是减少私心杂欲。在《道德经》第五十二章，老子这样阐述：

天下有始，以为天下母。既得其母，以知其子；既知其子，复守其母，没身不殆。塞其兑，闭其门，终身不勤。开其兑，济其事，终身不救。

老子认为，天地万物有个总根源，这个根源就是大道。如果认识了天下大道，也就认识了天下万物。谨守天下大道，便终生没有祸患。谨守大道，塞住感官之欲，关闭心欲之门，便终生不会有烦扰。放开人的欲望，一定要达到目的，有所成就，那终身也就无可救药了。

首先来看看什么是"兑"。在《易经》中，有一个卦象为兑卦，是为"水泽兑"，表示有水的地方就会有生命的聚集，有生命的聚集代表着活跃，代表着愉悦。

对于人体来说，哪些地方有水泽并能带来愉悦呢？人有眼、耳、鼻、口等七窍，这七窍能够给人带来愉悦。人有嘴巴，可口的美食等"五味"能使人嘴巴愉悦，所以嘴巴是兑。人有双眼，喜欢看那些美好的东西，所谓爱美之心，人皆有之，爱美之心的这个美，也就是人所喜欢的"五色"往往通过眼睛到达头脑、折射到内心，因此眼睛是为一兑。人的耳朵也能感觉到世界的美好，这些美好的感觉并不一定局限于"五音"，在社会生活中，恰当的奉承之语、讨好之词、献媚之话往往能使人身心愉悦，所以耳朵也是兑。除此之外，人的鼻子也为一兑。鼻子的感觉细胞能够分辨出若干种气味，这些气味对人体细胞的刺激有正向的，也有反向的。人体具有趋利避害的本能，对于那些愉悦的气味总是感觉欢心并接受，对那些不好的气味总是能够主动区分和远离。

人的本能是趋利避害，对于"五音""五色""五味"具有天然的倾向性，殊不知任何事物都有着如同硬币的两面。"五色令人目盲，五音令人耳聋，五味令人口爽"，甚至于"驰骋畋猎令人心发狂"，"难得之货令人行妨"，不注意节制久而久之必然伤及身体，带来祸患。

"塞其兑，闭其门"，这里的"门"指的是什么？门，一般指的是通道。通道，有能量的通道，有生命的通道，有空间的通道，有时间上的通道，有精神意识上的通道。

在《道德经》中，老子三次提到过门，一次是在"玄之又玄，众妙之门"中提到的门，这里的门指的是大道本原和大道本体之通道。第二次是在"谷神不死，是谓玄牝，玄牝之门，是谓天地根"中提到门，第三次提到门是在"天门开阖，能为雌乎"中，后两次的门指的是生生不息的宇宙万物之"生"门。

从上下文可以看出，"塞其兑，闭其门"的主体是人，这里的门主要是指人身上的门。在人的身上怎么会有门呢？这里的门主要指的是通道，如外部世界进入到内心世界的通道，我们称为心门。

在"塞其兑，闭其门"的表述中，"塞"和"闭"分别有"关"和"合"的意思，但是，老子说的是不是绝对的"塞"和"闭"、"关"和"合"呢？联系《道德经》全文，我们就知道这不是绝对的，而是相对的。

老子倡导无为，所谓无为不是绝对的不为，绝对的不为就是强、壮——"物壮则老，是谓不道"。老子所说的无为就是不滥为、不妄为，不逆天道而行的为。这里的"塞其兑，闭其门"

是有条件的，对于天下大道应该是"开其兑""开其门"，以无我的状态让天下大道进入内心，充斥心灵。对于世俗的、人为的私欲杂念应该是"塞其兑，闭其门"，不给贪欲、妄想、淫念以机会和空间。唯有这样，才能做到"终身不勤"——这里的勤指的是绵绵不绝、用之不尽，这就是"长生久视之道"。

如果说"塞其兑，闭其门"是守静、持柔、顺应，那么"开其兑，济其事"就是有为、主动、逞强了。人生活在世界上本能地需要寻找确定性，需要寻找生理保障的必要、安全保障的必要、社会交往的必要、价值实现的必要、获得尊重的必要。人在追逐必要的过程中，往往在不知不觉中跨越必要这条线，追求的由必要而变为了需要，在生理的需要、安全的需要、价值实现的需要、尊重的需要方面寻找确定性。

就人本身来说，人的必要和需要是有底线的，但是人的欲求却没有天花板。当一个不懂得天道的人打开了欲望的大门，在外界的诱惑下无法脱身而出，往往会陷入欲望的泥潭中而不能自拔，这就是"人在江湖，身不由己"的感觉和后果，这就是老子所说的"终身不救"了。

天下大道是大的，是大而无形、大音希声；天下大道又是小的，是小而无形、小而无内。万事万物无论大和小，产生的根源都是大道。所以我们认识这个世界，看一个人、识一件事，从一个小的方面就能看得清、见得明。遵道循道，从一个细微的方面就能看清事物的本来面貌，是为"明"。遵道循道的人，在这个世界上能够守住自己最柔弱、最些微的一面，就是"慎独"，就是"强"。

一个人在物质世界浸淫日久，难免"开其兑，济其事"而不自知，在不知不觉中给自己的身体、生活、身心带来祸患。我们唯有用大道的原则来指导自己的行为和生活，才可以使得迷失的自己重新认识大道、接纳大道、遵守大道，让我们的人生脱离凶恶、远离灾难，这就是世人要遵循的常道法则。

四

以身观身的道德构建

大道视野下的道德如何构建呢？树立大道的人不会动摇对大道的信仰，秉持大道的人不会丧失对大道的信心，大道传之子孙则子孙后代兴盛发达。用大道来修身，修出来的德淳朴真实；用大道来治家，修出来的德是有余的；用大道来治乡，修出来的德是长久的；用大道来治国，修出来的德是丰盈的；用大道来治理天下，修出来的德是广博的，这就是《道德经》第五十四章提出的道德建设的观点。

> 善建者不拔，善抱者不脱，子孙以祭祀不辍。修之于身，其德乃真；修之于家，其德乃余；修之于乡，其德乃长；修之于国，其德乃丰；修之于天下，其德乃普。

大道化生万物，万物丰富多彩而各有特色，因为有特色，所以有差异，因为有差异所以需要有秩序。人和人之间也有差异，就以和大道的关系来说，按照古人说法士有上士、中士、下士之分，人有君子、小人之分，在君子小人之间还有智、愚、不肖之别。孔子谈及中庸之道时说过："道之不行也，我知之矣：知者过之，愚者不及也。道之不明也，我知之矣：贤者过之，不肖者不及也。人莫不饮食也，鲜能知味也"。

　　根据对天下大道的理解能力和态度，老子把人也作了上士、中士和下士之分。三者有什么样的区别呢？老子认为"上士闻道"，会"勤而行之"，也就是说，上士就是"善建者"，是善于听道、悟道、行道、守道之人。这些人一旦打开心门，建立了对道的信仰，就会让大道在自己的内心深处生根、发芽、展枝、散叶、开花、结果。上士在生活中，时时用道来看待世界、以道来应对世界。大道在上士的心里已经扎根了，所以不管遇到什么样的情况，上士都不会动摇对大道的信仰，都不会丧失对大道的信心。上士在生活中勤行大道，必然会把大道传于子孙。子子孙孙能够遵循大道、持守大道，必然会家庭兴旺、子孙繁盛，"无穷匮也"。"善建者不拔"，遵循大道修道之人德行的积累，如同春天原野之草，不见其生长但每日有所增持，时间日久，慢慢就能长成绿油油的一大片。

　　"天道无亲，常与善人"。什么是善人，从道的角度来看，一个遵道循道的人就是善人，弃道离道背道的人就是不善之人。善与不善、遵道与背道的不同选择对应的结果是不一样的，遵道循道的人往往"是福为善，福虽未至，祸已远离"。对于不行大道者，难免为恶，有的恶是看不见的，虽然看不见，但善必然如磨刀石一样日有所亏，时间日久，德行之减损清晰可见。

　　"修之于身，其德乃真"。我们常常把对一个人的道德品行的培养称为修养，这里的修和养看似是同义反复，却有着不同的内涵。"养"是外在的，我们常常在家里养花、养草、养猫、养狗，农民畜养牲畜也是养。对于这些被养的对象来说，养的主体是外在的人。既然是人，就有上士、中士和下士之分。如果是上士，自然会遵道循道去养。如果是下士，那就会养不得法，甚至于养花花枯、养狗狗病。

相对于外在的养来说，修是内在的。内在的修是主动的、是诚挚的，因而也是有效的。用大道来修炼身心，修出的德必然是又真又朴的德。德之为真，指的是纯真，是符合天下大道的德的特性。德之为朴，指的是朴素，没有个人的智巧，唯有大道的朴素。这样修炼出来的大道，可以说是灵魂体的统一，也是本原、本体和本质的统一，这样的德才是符合大道的真德。

家庭是社会的基本细胞，也是一个最小的社会组织。既然是组织，必然需要有共同的规范，这就是所谓的国有国法，家有家规。那么，应该用什么样的方法来规范家庭成员？个人和个人不一样，家庭和家庭不一样，只有不同个人、不同家庭共同认可的东西才具有普遍意义，这个"共同认可"和"普遍意义"的存在，非道不可。

用天下大道来规范家庭成员的活动、言行和思想，这就是家庭成员的集体修养。如果家庭的每一个成员都能够信道、遵道、循道，整个家庭的德行必然会得到彰显。

孔子一生中做过几次官，他每到一个地方做官都会推行他的礼治。所谓礼，就是秩序，就是规范。所谓礼治，就是遵循大道，以制度规范来治理天下国家。孔子以其言行、风范和礼治来治理地方成效甚大，孔子出仕的几位弟子也推行礼德治国，在其治理下，国家不到一年的时间便实现了风气好转，这就是老子所说的"修之于乡，其德乃长"。

老子特别推崇上古时期的圣人。老子所谓的圣人是遵循大道的最高统治者，这些统治者完全符合天子的称号，遵循天道规律，代表上天实施统治，让天下百姓"甘其食，美其服，安其居，乐其俗"，"常使民无知无欲，使夫智者不敢为也，为无为，则无不治"，这就是"修之于国，其德乃丰；修之于天下，其德乃普"。

在《道德经》第四十七章中，老子提到过"不出户，知天下；不窥牖，见天道"，为什么能做到这些呢？老子在这里给出了答案，那就是"观德"。

孔子有"德不孤，必有邻"之说，天下大道是无处不在的普遍存在，有德之人不会只是孤单一个人，必然有志同道合者的存在。因为有这个理的存在，所以老子可以用"观德"来做到"不出户，知天下；不窥牖，见天道"。

老子是如何"观德"的呢？老子提出"以身观身，以家观家，以乡观乡，以国观国，以天下观天下"。结合上下文我们可以从中得到两条基本的信息。

第一条基本信息是，老子并不是后人口口相传的无为消极主义者，而是遵循大道的思想家和行动主义者。《道德经》有大量的篇幅阐述大道之用，即君子之治、圣人之治。《道德经》所体现的精神主旨和上古时期的《诗经》《尚书》中的思想有着诸多的一致性，其中"以身观身，以家观家，以乡观乡，以国观国，以天下观天下"的精神实质和《尚书》中关于帝尧"允恭允让，光被四表，格于上下，克明俊德，以亲九族。九族既睦，平章百姓。百姓昭明，协和万邦"的精神实质一致，包含着对人生德行积累与弘扬的肯定。老子提出了人生进阶的几个步骤，老子对大道的不同对象，提出了"修之于身""修之于家""修之于乡""修之于国"和"修之于天下"的论述，这就是后人所说的"修身、齐家、治国、平天下"的由来，一直是激励后人奋发有为的精神所在。

第二条基本信息是老子具有科学的思维观。这个思维观的逻辑起点是上文所说的"见小曰明"，老子认为天下大道是相通的，不管是大事、小事、难事、易事，顺境、逆境，里面都蕴含着大道，所以就能做到"以身观身，以家观家，以乡观乡，以国观国", 乃至于可以做到"以天下观天下"。

天下万物是为一体, 都生活在各种各样的条件中, 这些条件就是相互联系。从"以身观身"的角度来看, 我们了解了一个人具备什么样的稳定品行和道德, 大概就知道了他身边的人的道德品行是什么样的, 这也契合了古人所说的"物以类聚, 人以群分"。如果看到一个家庭, 少年热情、中年诚恳、老年安宁祥和, 这户人家一定是淳朴热情、尊老爱幼、待人平等和善的有福之家, 这就是"以家观家"。

老子依据同样的道理能够做到举一推十, 通过"以家观家, 以乡观乡, 以国观国, 以天下观天下", 做到"不出户, 知天下; 不窥牖, 见天道"。如果沉溺于世事日久, 在世俗看得越多、接触的东西越多, 其不符合大道的东西也必然增多, 这就是老子所说的"其出弥远, 其知弥少", 所以老子倡导的是"圣人不行而知, 不见而明, 不为而成"。

第六章 老子的辩证观

对立统一的辩证思维

有无相生的宇宙法则

强弱刚柔的芸芸世界

辩证法则的普遍应用

辩证法是我们认识宇宙世界的基本方法，辩证观是哲学世界的基本观点，是人类洞见宇宙世界法则的伟大发现。早在2500年前，老子提出了完整系统的辩证观，这是古圣先贤对宇宙世界探索的伟大成就，是中国对世界文明的伟大贡献，是人类追求自身解放的伟大成果。

《道德经》第二章阐述大道时以阐述世界万物的辩证统一为开端，这实际上表明了辩证的对立统一是宇宙世界的普遍法则，是宇宙世界的根本属性，也是宇宙万物生灭变化的总依据，是我们认识世界的方法论。

老子提出了"有无相生"的观点，道出了宇宙世界的全貌，老子的宇宙世界中存在着"无"的世界和"有"的世界，是我们认识宇宙世界的一把钥匙。"有无相生"的观点也道出了宇宙世界运动、变化、发展的规律特性和发展动力，为人类探索和认识宇宙世界，不断追求人类自身解放提供了强大的思想武器。

一

对立统一的辩证思维

《道德经》第一章引出了"道"的概念，在第二章就开始论述世界万物的有无之道，足见得老子在探索大道本原、大道本体和大道本性的认识上对方法论的重视。老子先是从一个普遍现象出发，继而引出了普遍存在的矛盾的双方，而且认为其是宇宙世界永恒的法则。《道德经》第二章如此描述：

> 天下皆知美之为美，斯恶已。皆知善之为善，斯不善已。
>
> 有无相生，难易相成，长短相较，高下相倾，音声相和，前后相随。恒也。

世人都知道了什么是美，也就知道了什么是不美；都知道了什么是善，也就知道了什么是不善。有和无、难和易、长和短、高和低、音和声、前和后都是相对的，相对是万物的常态。所以圣人主张无为、守静。大道化生天下万物，世人却看不到开端，化生万物而不据为己有，有所作为而不自恃，成就事情而不居功，这就是大道有之而"无"的特性，因为有此特性，所以大道永远存在。

自从人类创造文字并给万物命名以来，各样事物得以拥有相对稳定的名称。世界万物都有相对性，都是矛盾双方相互作用的结果，任何事物都有一体两面的特性，认识事物的一体两面，理解矛盾的对立性和同一性，也就能准确把握事物的本质。

天道无亲。在老子看来，自然之物本无美和丑、大和小、强和弱、善和恶之分。但因为有了人的意识在里面，为万物赋予了感情色彩，这种感情色彩有着一体两面的相对性。当人类能够理解一体两面的相对性，就能够准确把握万物的本质。

世界万物有阴有阳，有长有短，有弱有强，有大有小，有圆有方。当世人建立了美的概念之后，丑的概念也就产生了。一旦人们进一步确立了以细长、柔弱为美的准则，那么在同类事物中凡是不符合细长、柔弱的便会被视为不美，这是自然而然的。同样，一旦人建立了好的、善的标准，那么不符合这些好的、善的的标准，便会被归于恶的一类。也就是说，一旦有了善的观念，也就有了恶的观念；一旦有了美的观念，也就产生了丑的观念。

人类历史存在一种上行下效的惯性，更有着"上有所好，下必甚焉"的传统。当统治者将苗条、柔弱视为美的标准时，那些丰腴、健壮的人就被视为不美。一旦有了这个标准，常人就以这个标准为准，从而出现了春秋战国时期"楚王好细腰，国人多饥色"的现象。

天生的万物，本没有什么美和丑、善和恶、长和短之分。所谓世生万物，万物并育而不害，一旦有了人的因素掺杂在里面，便悖逆了天之道。一旦园子中的牡丹被认为最美，其他的花花草草就有被当作余苗锄掉的危险了。

现实生活中的人道往往和天道相悖。天生万物，万物并行而不悖。百草丛生、百花齐放才是常态，这就是老子所说的"天道无亲"。天道并不偏袒任何一个物种。在大自然中，狮子、老虎吃狼，狼吃羊，羊吃草，这是一个生态系统的自然循环。

而狮子、老虎死了之后，它们也会回归自然本身，滋养一方物种和水草。

当人有了思维之后，按照人的思维和价值建立起来的价值观也就产生了。自然而然的现象被赋予了美和丑、善和恶的标准。当一个标准建立起来，凡是不符合这个标准的就是标准之外的东西，事物的对立面因此而产生了。

那么，应如何使自己更美更善呢？中国古代有"沉鱼落雁、闭月羞花"之说，喻指古代四大美女。"沉鱼"指的是春秋时期越国的西施，"落雁"指的是西汉时期的王昭君，"闭月"指的是东汉时期的貂蝉，"羞花"指的是唐朝时期的杨玉环。她们之所以出名，并非仅仅在于她们貌若天仙，而是因为在她们身上都有着故事，她们曾以柔弱的身躯承担着不相称的历史责任，或者关联着重大社会事件，在某种程度上做出过奉献和牺牲，这才是四大美女真正美的内涵。

他人之美皆有故事，我们可以学习而得之，使自己变得更美。美的长久性不是外在的，而是内在的，个人内在的美要依靠自身的修炼，是为"为己"。什么是"为己"？中国有古话"人不为己，天诛地灭"，又说"古之学者为己，今之学者为人"，这里所说的"为己"，实际上指的是提升自身的修养。《大学》一书提到三纲八目的修炼提升之道，认为"大学之道，在明明德，在亲民，在止于至善"。所谓明明德，就是彰显大道大德；所谓亲民，就是新民，使自己每一天都有所得、有所新，每一天都成为新的。关于如何新民，中国古人有"格物、致知、诚意、正心、修身、齐家、治国、平天下"之说。所谓止于至善，就是遵循为人之天道，"居善地，心善渊，与善仁，言善信，正善治，事善能，动善时"，达到至臻境界。

"皆知善之为善，斯不善矣"。和上文提到的关于美的逻辑一样，在人道里有美丑善恶之分，而在大道里面却无所谓善，也无所谓不善。所谓的善与不善，都是人为的标准，既然是人为的标准，就受到四维空间条件的限制，离开了任何一个条件都不会成立，甚至在某种程度上会走向事物的反面。

有无之道是世界万物的常态，世界万物都是有无相生的一体两面。人在任何一件事物中只看见有而看不见无，那就有"盲人骑瞎马，夜半临深池"之虞。

西周初年，周公旦被分封到鲁地，但他并没有去封地，而是留在国都辅佐年幼的周成王。他为封地出台了一系列的治理条例，其中有一条"鲁人为人臣妾于诸侯，有能赎之者，取其金于府"的规定，即如果鲁国人在别的诸侯国为奴，赎之者可以到官府里去领取奖励。有一次，孔子的学生子贡赎了一个鲁国人回来，却不到官府去领取赎金，这事情被孔子知道后，子贡受到了孔子的批评。

孔子认为，既然赎了人，领取赎金就不会有损子贡的形象。不取赎金虽然有显子贡情操高尚的一面，但是会最终导致其他人遇到了同样的事情就不再出手了，因为他人会觉得赎买鲁人之后领取赎金的行为会让人感觉自己品行低下，但是不取赎金则会使自己吃亏。所以孔子认为子贡的行为是对现有规定的破坏，更会破坏鲁国人赎鲁国人的传统，因此对子贡说："赐，失之矣。"

子路是孔子另外一位很有修养的学生。有一次，子路救了一位溺水的人，这位被救的人为表示感谢送给子路一头牛，子路接受了。孔子得知之后非常赞同，孔子说"鲁人必救溺者矣"。也就是说，子路给世人提供了一个榜样，这个榜样是有利于鲁国人的。虽然接受了回报，但是也不损子路勇于救人的形象，而更有助于这种见义勇为的风气在鲁国的弘扬。当社会上都在彰显这样的美德，那么与之相反的行为也就自然而然地被归结于不好的行为了，这就是老子所说的"天下皆知善之为善，斯不善矣"。

世界万物皆是一体两面，能够认识万事万物的一体两面性，是我们接近大道的开端。《道德经》第二章提出"有无相生，难易相成，长短相较，高下相倾，音声相和，前后相随"，这是认识天道的开始。

中国传统文化认为，世界万物的存在都是阴阳二气的变化。有和无也可以用阴阳来表达。有是阳刚的、外在的、主动的，无是阴柔的、内隐的、被动的，在老子看来，柔弱胜刚强，守柔不居是天之道的特性之用。

任何事情都有善与不善的两面，老子提倡要善于处无为之事。任何言行都有善与不善的两面，所以要提倡行不言之教。万事万物的生长都要符合天道，天道的特征是"生而不有，为而不恃，长而不宰，功成弗居"，人道仿效并遵循天道，就会减少许多矛盾、执着、冲突，很多事情就会变得容易了。

天道的重要特征是任由万物生长而不横加干预，化生万物而不据为己有，成就万物而不自恃有功，功成业遂而不自以为有功，不以功臣自居。就是大道这样一种柔和谦卑的品行，成就了大道的永恒。

二

有无相生的宇宙法则

在《道德经》第十一章，老子论及"有无相生"之道的时候，列举了制作车轮、陶器和建造房子的例子，通过归纳的手法得出了"有之以为利，无之以为用"的结论，论证了万物都是有无的对立统一这一宇宙世界的基本原理。原文如下：

> 三十辐共一毂，当其无，有车之用。埏埴以为器，当其无，有器之用。凿户牖以为室，当其无，有室之用。

如何理解以上这段话呢？古人所用的车轮轮毂是中空的，把三十根辐条放在中空的轮毂中才能制作完整的轮毂，因为轮毂中空才能安置辐条，车轮才能滚动从而发挥作用。制作的器皿能盛多少东西完全取决于器皿中空的部分。常人所住的房子，内部空间的大小最终决定了房子能够发挥作用的大小。所以说，"有"是天下万物的依据，"无"是天下万物的效用。

衣食住行是人的基本生活所需，古人出行常常依赖车马舟楫。造车是有技巧的，在确定好了车轮的大小之后，就把车轮所构成的圆周分为三十等份，再把三十根辐条放置在轮毂中。车轮有了中空的地方才能安置辐条，轮毂才能受力，从而发挥作用。如果没有留出空间，轮毂就无处安放，车轮也就无法运转起来了。

生活中制作的器皿必然有其功用，器皿功用的大小取决于其内部的空间大小。以老子的观点来看，器皿的本身是为有，由器皿形成的中空部分是为无。这样一来，任何器皿都是有和无的统一，锅碗瓢盆、酒器、盛器概莫能外，老子把这类现象称为"有之以为利，无之以为用"。

古代器皿大多用陶土烧制而成，烧制陶器皆是为了有所用，陶器的大小和功能的发挥并非取决于陶器本身，而是取决于陶器中空的部分，这是因为只有中空的部分才可以盛物，器物中空的部分才有利用的价值。

建造房子和制作陶器的原理相通。建造房子的最终目的是利用其空间，房子空间的大小最终决定了房子的大小，这符合"天下万物生于有，有生于无"的观点。天下万物"有无相生，难易相成，长短相较，高下相倾"，一切都是相对和辩证的。大道无处不在，决定了有无之道的无处不在。老百姓沉浸于物质世界日久，反过来却看不到大道的存在，这就是"百姓日用而不觉"。看到一辆车，我们往往只看到车之有，而忽视了车的"当其无"；看到器皿，未见"当其无"；看见住房，未见"当其无"。同样，在生活中往往只看到眼前，而不能看见未来，只看到有的一面，而忽略了无的存在。

常人往往会看到自己的长处，而难以看到自己的短处，重视自己的才能，而难以看到自己的德行。个人在成长过程中常常重视做事情的能力而忽视德行的修养，因此往往是能力越来越强，而德行却得不到相应的增长，是为才有而德薄。

在团队中，有人看重自己的能力，而很难看见他人的长处，难免恃才傲物，所以生活中常常有能力超群但未必能成事的案例。这样的人往往看不到自己的缺点，也看不到他人的优点。行有无之道如同用人之两足，仅有一足行必不远。孔子曾说："三人行，必有我师"，这不仅仅是谦逊之德，更蕴含着大道的基本原理。在圣人看来，世界上没有无用之人，也没有无用之物。圣人认为没有无用之人是"长善救人"，因而"无弃人"，每一个人都可以有他成功的存在；圣人认为天下没有无用之物，即为"长善救物"，因而"无弃物"。

在世界上，为人、为物、行事可以有很多标准，可是所谓的标准往往不过是主体的一孔之见。以一个标准为美，那么不符合该标准的都可以被称为不美了，这样就把绝大多数的人、事、物推向了反面，天下的"弃人""弃物"就多了，天下之争、天下之乱也就难免了。难道天下真有这样的道吗？

显然不是。天道无亲，一视同仁。天下大道，百花齐放，无弃人，无弃物，万物并育而不害，无人为的高矮胖瘦之分，都是大自然的产物。有无之道、阴阳之道，都是天地之道。阴阳之道、天地之道是"万物之纲纪，变化之父母，生杀之本始"。人对于有无之道的认识如果只知其一，不知其二，只见其一，不见其二，难免有顾此失彼之虞。

中国有一句歇后语叫"瞎子点灯，白费蜡"。从盲人的角度来看，不管是晚上的灯光，还是白天的光亮都是毫无意义的。但是必须要明白，这个世界上并非只有盲人的存在，还有其他人、事、物的存在。盲人只要在社会上生活就难免和其他人、事、物产生直接或者间接的关系。因为有了光亮，别人看到盲人时就会主动避让。晚上行路的时候，聪明的盲人会点灯，有助于别人借助于这个灯光看见盲人，从而避免相互碰撞和发生伤害。盲人心里如果只有自己而无他人，必然不会点亮灯光。盲人点灯并非浪费灯光，而是表明盲人心里既有自己，也有他人。能够"看到"看不见的他人和看不见的他事，这是盲人明智的表现。

有无之道告诉我们，在生活中需要谨守戒满的智慧。一天有二十四个小时，我们要合理安排好时间，按照天道自然运行的规律有张有弛，白天做工，晚上休息，晚上的休息就是为第二天更好的工作而积蓄力量。一周有七天时间，到了周末就到了翻篇归零的时候了，就应该放下一切工作，或回归家庭，或放空自己，保持一个虚空的状态，使自己的身心恢复，为下一个工作周期的到来做好准备。

戒满的智慧告诉我们，当我们在教育孩子的时候，切忌用填鸭式的教育方式占用孩子的全部时间。当孩子的时间和空间全被作业和学习占据，孩子就缺少发展思维和情感的时间和空间了。孩子的思维受到局限，格局便难以提升；情感缺少涵养，思维就不能深远。

有无之道告诉我们，年轻人在谈恋爱的时候，要给对方留下必要的时间和空间。如果一方占据着对方的绝大部分时间和空间，那就缺少了自由，缺少了生命的多彩体验，其结果会适得其反。

有无之道告诉我们，拿得起还得放得下，才配享有智慧的人生。当我们在人生的道路上前行时，要懂得适可而止的道理，越是顺畅的时候越要保持谨慎之心，"势不可使尽，福不可享尽。事不可做尽，话不可说尽"，给自己留下一点空白，给自己留一点退路，必要的时候就能做到华丽转身，而不是撞得头破血流。

三

强弱刚柔的芸芸世界

老子特别推崇水，认为水和天下大道高度契合，是最接近大道的存在，所以常常用水来说理。水是最常见的物质，地球上百分之七十的地方都是水，更令人惊奇的是，人体体重的百分之七十左右也都是水。水是不一般的物质，生命的存在离不开水，水以固态、液态和气态三种形态存在，这是一般物质所不具备的特性。

水是生命之源，是生命的重要构成。对天下万物的探讨、对万物所蕴含的大道的探讨从水开始，这是老子智慧的一大特色。从天下事物来看，哪一种事物最为柔弱？没有比水更为柔弱的了。从表面上来看，人可以看见水、抓住水、把握水，但实际上水只要一变换形态，你看也看不见，听也听不到，握也握不住，这就是老子所描述的大道的形态特征——视之不见，听之不闻，搏之不得。

水是天底下最为柔弱的事物，但是水又是最坚强的存在。在《道德经》第七十八章，老子这样阐述水的特性：

> 天下莫柔弱于水，而攻坚强者莫之能胜，以其无以易之。弱之胜强，柔之胜刚，天下莫不知，莫能行。

老子认为天底下最柔弱的是水，但是柔弱胜刚强，最坚强的物质也没能够战胜它，因为它无坚不摧。水为什么会无坚不摧呢？主要原因是水的特性，水的特性是任何力量都无法改变的。

究竟水的什么特性是无法被改变的？首先，没有什么力量能够改变水的存在，没有什么力量能够左右水的方向，没有什么力量能够改变水的永恒性，也没有什么力量能够替代水的作用。水是一种最为广泛的存在，在地球的任何一个地方都有水的存在，有生命的地方就有水的存在，在人们最为厌恶的地方也有水的存在。水最大的特性是"无"，是无所不有、无所不能、无坚不摧、无形无色、无欲无求、无处不在，但是水却没有自己的意志，水是最柔弱的，也是最长久的，没有任何事物可以改变它。

通过水的特性，人们可以认识以弱胜强、以柔克刚的道理，天下人都知道这个道理，却没有谁能做得到。以弱胜强、以柔克刚是大道运行的一种规律，是老子倡导的一种理念。这个规律是有条件的，而不是绝对的。强与弱、柔与刚是对立的两面，同时这种对立又是相对的。强的存在离不开许多条件的存在，刚的存在也离不开诸多条件。当失去了这些条件，尤其是关键条件，强也变成了不强，刚也就失去了刚的本性。所以说，在一定条件下弱就是强，柔就是刚。

为什么老子说他倡导的"弱之胜强，柔之胜刚"的道，人们"莫不知"但是"莫能行"呢？这是因为并不是任何条件下弱的一方都能够战胜强的一方，并不是任何条件下柔的一方都能战胜刚的一方。在绝对力量面前，强的一方能够碾压弱的一方，刚的一方能够碾压柔的一方，这里有一个基本的前提，那就看是否符合大道。

统一中国之后的秦王朝是强大的，西汉文学家贾谊在《过秦论》中如此描写秦王朝的强大："及至始皇，奋六世之余烈，振长策而御宇内，吞二周而亡诸侯，履至尊而制六合，执敲扑而鞭笞天下，威振四海。"唐朝诗人李白在诗中也这样描述秦始皇统一六国之后的威风："秦皇扫六合，虎视何雄哉？挥剑决浮云，诸侯尽西来。"秦始皇当年统一全国后，其势力之强大、影响之深远是史无前例的。

以秦始皇统一六国之后的军事和国力，他有充分的自信认为大秦王朝会千秋万代传诸后世，但令他绝对没有想到的是其政权仅仅传到秦二世就终结了。按照贾谊的描述，"然秦以区区之地，致万乘之势，序八州而朝同列，百有余年矣；然后以六合之家，殽函为宫；一夫作难而七庙隳，身死人手，为天下笑者"。

秦朝的势力不可谓不强大，农民起义之初的力量不可谓不弱小，两者的力量悬殊显而易见，但最终强大的秦朝政权却被农民起义推翻，这说明了什么呢？按照贾谊的说法就是不施仁义的结果，这里的仁义就是民心，从根本上来说就是天道。因为违背天道，强大的变弱小，因为顺应天道，弱小的变强大，天道在冥冥中主宰着一切，这就是老子要表达的重要观点。

天道守静、持柔，无为、不争。持柔的另一面就是要承担责任，承担屈辱，承担灾祸，承担不祥，就是要甘为人下。"受国之垢，是谓社稷主；受国不祥，是为天下王"，老子认为能够承担国家屈辱的人才配得上是一个国家的主人，能够承担国家灾难的人才配作为一个国家的君主。天下万物都有其反面，天下万物都有矛盾双方的存在，反过来说也是同样的道理。

世界的本体是天下万物。由本原到本体，由本体回归本原，实际上就是生和死的过程。生和死到底有什么样的特征呢？在《道德经》第二章，老子提出天下万物有阴有阳，负阴而抱阳，"故有无相生，难易相成，长短相较，高下相倾，音声相和，前后相随"。万事万物都是矛盾双方的存在，这就是矛盾的普遍性。

有生就有死，这就是一条必然的规律。那么万物在生的过程中有什么样的特征呢？死了之后又有什么特征呢？老子认为生命的过程是柔弱的，生命的本性也是柔弱。当一件事物经历了生命的全过程，在接近死亡的时候生命的柔弱性也就逐渐消失。等死亡真正到来之时，生命的柔弱性完全消失。所以说，柔弱性是判断是否有生命性的重要特征。

关于世界的强弱，《道德经》第七十六章有专门的论述。常人从成年逐渐走向中年，从中年逐渐走向老年，思维逐渐趋于定式，性格特征逐渐定型，价值观基本稳定。随着年龄的增长、身体的衰老，各方面都显得不那么柔弱，而是显得生硬、脆弱。当一个人没有生命气息之后，身体各部分会变得非常坚硬，难以弯曲，这是必然的，所以老子说"人之生也柔弱，其死也坚强"。

> 万物草木之生也柔脆，其死也枯槁。故坚强者死之徒，柔弱者生之徒。是以兵强则不胜，木强则折。强大处下，柔弱处上。

天下万物都遵循这个道理。春天的百花草木虽柔弱，但因其旺盛的生命力而显得格外引人注目。古往今来多少名人抒发对春天美景的赞赏，这实际上就是对生命的赞美。春天是一年的起始，是生命盛开的季节，"碧玉妆成一树高，万条垂下绿丝绦。不知细叶谁裁出，二月春风似剪刀"，让我们看到了一幅早春生命曼舞的美景。韩愈的"天街小雨润如酥，草色遥看近却无。最是一年春好处，绝胜烟柳满皇都"，李白的"垂杨拂绿水，摇艳东风年。花明玉关雪，叶暖金窗烟"，都是借景抒情，抒发对生命和美景的赞扬。

秋天是收获的季节。冬天则是万物萧条，花草树木大多枯槁，枯枝败叶随风凋零，生命在蛰伏中期盼来春。万物草木活着的时候柔软脆弱，死了之后就变得枯干坚硬。所以两相对比，坚强是死的特性，柔弱是生的特性。

在《道德经》中，老子常常以身喻国、以物喻人来说明大道普遍的道理。"坚强者死之徒，柔弱者生之徒"就是告诉我们要遵守大道持柔、守静、无为、不争的道理。

"是以兵强则不胜，木强则折"。老子所说的兵强则不胜，并不是说兵强必不胜。"则不胜"和"必不胜"是两个意思，兵强则不胜，指兵力强大了往往会使人有一种胜券在握的感觉，优势的心理会使之在战场上主动有为，主动有为就是逞强，逞强就增加了失败的概率。历史上以少胜多、以弱胜强的战例比比皆是。

兵强则不胜也并不意味着兵弱必胜，兵强可能朝着两个方向走，一个是以强逞强，一个是以强为弱。以强逞强容易看不到自己潜在劣势一面，出现战线过长、补给不顺、对困难估计不足和对环境的把握不周等状况，容易导致阴沟里翻船，在小事上害大。

在古代，治军打仗往往和自己的身家性命以及前途命运密切联系在一起，这就决定了战争的主导者和领导人难免意气用事，"感情用兵"，不守大道而追求人道，在不经意之间落得个损兵折将、大败而归的下场。如果能够遵守大道，做到兵强而不逞强，将勇而勇于不敢，不敢为主而为客，不敢进寸而退尺，采取小心谨慎的态度，不打无准备之仗，这样的强才是真正的强，这样的军队才会取得真正的胜利。

"木强则折"和"兵强则不胜"也是同一个道理。树木成年后，长得高大挺拔的树木往往是斧斤砍伐的对象，而那些长得矮小曲折的树木往往成为遗弃的对象，这些树木因其无用之用而得以终其天年。

相对低矮的树木来说，高大挺拔的树木是为强，但强有强的难处，强大了难免"木秀于林，风必摧之；堆出于岸，流必湍之；行高于人，众必非之"。就是说，那些高出丛林的树木、一枝独秀的树木很容易遭遇到狂风的摧折；把土堆堆出堤岸，急流就会将它冲刷甚至冲垮；品行超出众人，人们往往会对其产生非议。所以，古人认为强、大未必是好事。

事物过于强大难免会走向反面。在《道德经》第九章，老子提出"持而盈之，不如其已；揣而锐之，不可长保。金玉满堂，莫之能守；富贵而骄，自遗其咎"的观点。如果真正理解了大道"独立不改，周行而不殆"的特性，就能够清楚地理解事物发展变化的规律，就能够在生活中认清事物发展的趋势，以此为依据指导个人行为。若将此观点视为智者的觉悟，那么在此基础上提出的"功成身退"便成为一种明智选择，乃是符合道义的智慧之举。

四
辩证法则的普遍应用

天下大道有其运行的规律。《道德经》第二章对这些规律作了初步的描述，是为"有无相生，难易相成，长短相较，高下相倾，音声相和，前后相随"。老子认为世界万物之所以生生不息，就是因为世界万物有"复命"的本性。世界万物从无到有、从小到大、由弱到强、由强而盛、由盛而衰，最后"复归于无物"，这样就完成了生命的一次轮回。

世界万物都是相对的存在，有小有大，有弱有强，有美有恶，有善有不善。也就是说，世界万物都是矛盾双方的存在，世界万物的变化是矛盾双方相互转化的结果。了解了事物矛盾规律就能够为我们所用，这就是道之用。道的方法论，有时候我们也称之为术。

"将欲歙之，必固张之"。要想闭合一把锁，这把锁必须先处在打开的状态。只有在打开的前提下才能闭合。如果锁本来就是闭合的状态，那就无所谓闭锁了。同样的道理，要想关上一扇门，这门必须是开着的。器物是这样一个道理，而人事往往比这更加复杂。

在一个秋天的下午，太阳和风打赌看谁能够使路上的行人脱下他们的外衣。风说，让我先来吧，太阳同意了。风先徐徐地吹，随后越吹越猛烈。可是风越吹，路人就把衣服裹得越紧，风最终失败。太阳说，让我来试试吧。风退去了，太阳出来了，太阳用它的光热徐徐照耀着大地。路人走着走着，就觉得有点热了。太阳继续散发光和热，气温逐渐升高，行人耐不住热就把外衣脱下来了，这就是"将欲取之，必固与之"。

"将欲弱之，必固强之"。至强往往意味着衰落，至弱往往意味着生发。人的身躯柔弱，但是有生命；身体僵化强硬，意味着死亡；有生命的草木柔弱，无生命的草木枯槁而僵硬，所以说"坚强者死之徒，柔弱者生之徒"。

在强与弱的比较中，常有弱的一方胜强，原因不外乎有三：一是强的一方成为众矢之的，疲于应付。二是强的一方认为失败的代价高于弱势的一方，承担不了失败的代价，因而"压力山大"。三是强的一方在明处，弱的一方在暗处；强的一方难转型，弱的一方易掉头。在同等的坚持中，往往是"强大处下，柔弱处上"，最终是柔弱胜刚强。所以想要弱化对方，必先让其强壮，是为弱化之道。

基于相同的道理，想要废之，首先让其兴盛。事物都有一个由盛到衰的转折点，到了兴盛的这一步，如果不懂得"洼则盈，蔽则新"的道理，就会物极必反。

当代社会中的电信诈骗一度盛行，所谓的"杀猪盘"就是利用人性贪婪的弱点将人一步一步引向深渊。一开始，诈骗分子以网友的身份出现，随后以导师的身份指引你在一个特殊的平台上投资理财，甚至于可以让你先获得蝇头小利，必要的时候也让你可以在平台上自由兑换小额资金。等到你尝到甜头后，不惜冒险一搏，把大量资金注入平台。此时，虽然眼见着账户里的数字往上跳，但资金已经被平台锁死，再也不能从平台上自由兑取利润了，更不要说提取本金。过不了多久，平台也被锁死，受骗者血本无归，只能后悔不已，这就是诈骗者所掌握的"将欲取之，必固与之"的手法。

大道的辩证法在生活中处处可以感受得到，如果应用得当，这些微妙的道理就会转化成有效处理问题的方法。"何意百炼钢，竟成绕指柔"，柔弱常常能够战胜刚强。懂得这个道理，就知道在生活中要持柔守静。

人生活在大道世界，不可脱离大道而生活，如同鱼儿不可离开深水。离开了深水，鱼儿就有各方面潜在的危险，不但寸步难行，更有失去生命之虞。个人离开了大道，就和鱼儿离开了水一样，难免遭遇祸殃。

老子生活在西周后期，当时的状况决定了当时的国家必须要有维护国家安全的国之大器、重器。没有护国之大器、重器，国家安全难有保证。有了国之大器、重器，一则别国不敢轻易侵犯你，二则可以增强发展的底气，必要的时候可以制止无道之行为。对于国之大器、重器，最高的准则是有而不用，是为老子说的无用之用。这里包含两个意思，首先是必须要有，其次是不轻易拿出来用。用了就等于让人看到了，用了就意味着战争等激烈行为的发生，所以有而不用、不示于人是为要妙，是为无用之用。

在老子的大道世界中贯穿着一条重要法则，那就是辩证法，贯穿着一个重要的方法论，那就是无为而无不为。《道德经》第六十三章指出：

　　　　为无为，事无事，味无味。大小多少，报怨以德。图难于其易，为大于其细。天下难事必作于易，天下大事必作于细。

"为无为"是老子辩证法思想的核心，以无为的态度去作为，这是一个基本的指导思想。在这个指导思想之下，不图难而图易，不图大而图小，不图怨而图德，不图有而图无，最终得以无不为。

如果说"为无为"是指导思想，那"事无事"就是行动指导。老子提出"取天下常以无事，若有事，不足以取天下"。以无事取天下就是清静，就是守静持柔。无事，不是无所事事，也不是不做事，而是善于发现事情发展的规律，把握事情发展的苗头，从源头上去治理，从大道上去把握，就会顺事、省事、少事、不多事。

老子常用比兴的手法说理，在以身喻国、以国喻身中相互切换。"味无味"就是采用比兴手法，用生活中的具体事例来论说一个抽象的道理。

我们常常有这样的生活体验，当我们的口味越来越重，我们对食物的本来味道就会越来越不敏感，这就是"五味令人口爽"。当我们回归天然，远离"五味"，回归恬淡，就很容易感觉到食物本来就有的原味，因此也就会感觉到食物本身的多滋多味，这就是返璞归真的道理。"为无味"的本质就是恬淡、淡然，既然追求恬淡、淡然，那就要求无事、无为。

世界万物都是不同的，追求无味，就能够体会到万物本来的味道。同样的道理，大生于小，但凡大事都是由小事而来，大缺都是小缺而成，大成都是由小成而聚。多生于少，"泰山不让土壤，故能成其大，河海不择细流，故能就其深"，"合抱之木，生于毫末；九层之台，起于累土；千里之行，始于足下"，因此小就是大，少就是多，这是深奥的辩证法则。

"报怨以德"。这个世界上"怨憎会"之事处处可见，如何处理怨憎之事呢？常人往往选择以眼还眼、以牙还牙，但这样的处理方式能解决问题吗？事实证明，冤冤相报往往没完没了。

"和大怨，必有余怨"，以怨报怨绝不可能从根本上解决问题，只可能埋下仇恨的种子，唯依道行事才能化解大怨。清代大学士张英面对家人和邻居的地界矛盾写下一首流传千古的诗："千里修书只为墙，让他三尺又何妨。万里长城今犹在，不见当年秦始皇。"一封书信化解了两家的积怨，留下了千古美谈，这就是以德报怨的典型。

因为老子深谙大道所蕴含的辩证法则，所以能做到"治大国若烹小鲜"般游刃有余，面对事情能够举重若轻、胸有成竹。老子提出，处理难事一定要从容易开始的地方入手，处理大事一定要从细微的地方入手。天下难事不是一开始就难的，往往是从最容易的地方开始，天下大事也不是一开始就大的，往往是从最细小的地方发端。

"圣人终不为大，故能成其大"。知道了这个道理，遵道循德的最高统治者在为人方面就具有谦虚的品质，在处事方面就有无为的治道。因为圣人能够做到"后其身而身先，外其身而生存"，常常以"孤""寡""不谷"自谦，始终不自以为大，所以就能够成就大事。

一个人的精力是有限的，能力也是有限的，事情的发展受到诸多条件的限制，轻易承诺难免不能实现，不能实现就会导致信用受损。把一件事看得过于容易，常常会导致准备不足，准备不足，事情做起来难免困难。所以圣人不会轻易承诺，不轻易承诺就会少损甚至无损其信用。圣人也不会轻视任何一件事情，不轻视任何一件事情就会把事情看得很难，把事情看得很难就会从各个方面去做准备工作，准备工作做充分了，事情也就没有那么难了。

第七章 老子的运动观

生生不息的大道世界

为之未有的行道自觉

出生入死的遵道智慧

上善若水的循道主动

在老子的宇宙世界观中，大道不是孤立静止的存在。万事万物内部存在着阴阳两种特性，阴阳的矛盾运动推动事物内部的本质发生变化。随着时间的推移，这种变化突破了事物本质的边界，从而发生质的飞跃，推陈出新产生了不同于本体的他物。这个过程被老子描述为"三生万物"。万物负阴抱阳，所有的事物内部有着阴阳两种特性，两种特性的矛盾运动构成了万物变化的条件和依据，是为老子朴素的运动观。

运动性是大道的本质属性，老子在《道德经》中用了不同的词语来表达大道的运动性，有"生""行""出""入""反"等。

先天地生的大道有着安静的特性，在万物中无声无息，没有边际，你看不到它的开始，也看不到它的结束，具有运动的特性，而这样一种运动的特性不是直线的，而是沿着一条曲线运动，老子称为"独立不改，周行而不殆"。由于时空的辽阔，曲线运动最终会形成一个回环回到原点，这样的运动无始无终，往复循环，从而形成了我们见到的生生不息的景象。

一

生生不息的大道世界

运动性是大道的本质属性，老子在《道德经》中用了诸多不同的词语来表达大道的运动性，有"天下万物生于有，有生于无"的"生"，有"周行而不殆"的"行"，有"出生入死"的"出""入"，有"反者，道之动"的"反"。在《道德经》第二十五章，老子在阐释大道本原之后随即提出了大道本原的特性，原文如下：

> 有物混成，先天地生，寂兮寥兮，独立不改，周行而不殆，可以为天下母。吾不知其名，字之曰道，强为之名曰大。

在天地诞生之前，就有一个混沌之物的存在。它无声无息，自在、自有、自永，没有什么可以改变它。它循环往复、永不止息地运行着，是天下万物的起源。我不知道它的名字，将它勉强命名为"道"，道是大而无外、博大无边，因此也称之为"大"。在这里，老子提出了大道所具有的客观性、独立性、运动性、初始性的特征。

运动的形式是怎样的？老子称"周行"，也就是宇宙世界的运动是一个回环往复的过程，这个周行如太阳，每天东起西落，如季节，每年有春夏秋冬，如人生，最终尘归尘、土归土。在

《道德经》第四十章中，"周行"还有一个同义词，那就是"反"。"反"通"返"，返回的意思，是循环往复的另外一种表述。在该章中，老子如此阐述大道的运动特性：

> 反者，道之动；弱者，道之用。天下万物生于有，有生于无。

这段话表明，运动性是大道的本质属性。大道的运动规则是"周行而不殆"，大道的运行遵循着一定的周期性规则，运动到一定程度会循环往复回到原点。守静持柔、无为不争是大道特性。天下万物生于有，有又是从无起始的。

世界万物都有生灭变化。万物变化的表现和规律是什么？有的人认为世界万物的变化是直线式的，也有的人认为世界万物的变化是曲线式的。老子认为世界万物的变化是循环往复，以至无穷，并提出了"反者，道之动"这个观点。

"反者，道之动"，这句话有三个关键词。第一个关键词是道。在《道德经》中，老子探讨的道有本原的道、本体的道和本性的道。本原的大道先天地生，于人而言是视而不见、听而不闻、搏之不得的存在，是"天下母"，创造天地万物的主体。本体的道是"道生一"，是一个整体，这个整体有着阴阳两方面的特性。

作为规律性的道是指道的基本特性，道具有有无、强弱、动静等基本特性，具有永恒性、客观性、独立性。"反者，道之动"的道指的本性意义上的道，因为只有本性意义上的道才带有普遍性，没有天道、地道、人道的局限性。

第二个关键词是"动"。动是世界万物生生不息的具体表现，集中体现在阴阳二气的变化上。老子认为，在"道生一，一生二"的基础上，"道生三"，阴阳二气相互作用化生万物。那么阴阳二气是如何化生万物，"充气以为和"的呢？

商朝末年，纣王失道。周文王72岁时，他被商纣王关押在一个叫"羑里"的地方，直到在79岁那一年才被放出来。在被关押的日子里，周文王折来蒲草的茎，摆弄着八卦的形状，操演《归藏易》以打发时日。

《易》是上古时期传下的智慧，至少到了夏朝才有了系统的合辑。《周礼·春官·太卜》提到夏商周时期的三《易》，是为《连山》《归藏》《周易》。相传在上古时期，伏羲氏创造了先天八卦，神农氏创造了《连山易》，是为连山八卦，轩辕氏创造了《归藏易》，是为归藏八卦。

周文王采用的办法是八卦相荡乃生六十四卦之法。他把八卦按照乾、巽、离、兑、震、艮、坎、坤的次序纵向排一排，横向排一排，以纵横相交的两卦组合，从而生成一个新的卦，是为"八卦相荡"。这就是老子所说的"三生万物"的"生"，是"反者，道之动"的"动"，是一物因阴阳相互作用变化而产生的新物。

第三个关键词是"反"，这里的"反"通循环往复的"返"，就是返回的意思。

到了秋天，树上的叶子纷纷落下，回到大地的怀抱，这个现象被称为"叶落归根"。树叶长期停留在树上不利于树的新陈代谢，而飘落在地上的花和叶虽然"零落成泥碾作尘"，但还是"有香如故"，这就叫"归根"。老子认为，归根是生命的最后一程，"归根曰静"，树叶到了这一步，才真正完成了生命的轮回。

古人倡导人道和天道的和谐统一，人道和天道合于道、合于理、合于序，我们称为"天人合一"。中国人有这样一种叶落归根的人文情怀和传统，每年的中秋佳节和农历新年，在外工作的人，哪怕工作再忙也会放下手头的一切，携妻带子返回故里和家人一聚。古代官员在卸任或者辞职之后基本不会留在京城，而是返回故里安度晚年。改革开放以后，许多当年去台的国民党老兵申请回归故里，就体现了这种叶落归根的人文情怀。只有回到故乡，和自己的先祖、父母住在一起、埋在一起才是生命的最后归宿，只有这样，灵魂才能安放。所谓"少小离家老大回"就是这个原因，这个"回"就是"反者，道之动"的"反"。返回的道理给我们以极大的启示。

古人云，人生七十古来稀，而今天的人活到八十岁没多大问题。如果说要返的话，从四十岁开始就可以返了，想返璞归真到"复归于婴儿"状态，那就要做减法。

四十多岁的人孩子应该大了，对于已经长大的孩子就应该要慢慢撒手，让他们独立行走。四十多岁的人家庭应该稳定了，对于家庭的硬件建设就可以慢慢减少了。四十多岁的人在工作上应该也是行家里手，要么当上了领导，要么带上了徒弟，这个时候在工作上就应该慢慢地放手了。这个过程就是"返"的过程，这个道理就是"返"的道理。

人生唯有返才能找到方向，不至于走着走着不知道要到哪里去，乃至于忘记了自己的初心，甚至走向迷茫。圆满的人生需要有圆满的结尾，现实生活中，很多人往往倒在最后一步没有走好，最后一笔没有写好，最后留下莫大遗憾，或者抱恨终身。当我们达到了人生的中年阶段，就要考虑开始做减法，为走向人生的返程阶段做准备。

人生的返程不是毫无意义的去舍，而是要过一种精神意义上、乃至信仰意义上的生活，过一种完全人的生活，那就得脱离低级趣味，脱离世俗纠绊，使自己的身、心、灵合道，过自由而高尚的生活。

"弱者，道之用"。在万事万物的变化之中，内含着一个从无到有、从小到大、由弱到强的过程。当然，界门纲目科属种和大小强弱、长短高低的分类分级都是人为的划分，在自然界中是没有如此之区别的，所以"弱者，道之用"主要是讲在人的世界里如何遵道循道。

大道的德行不仅在于循环往复，还表现在守静、持柔。大道之无的特性让人感觉到柔和、谦卑、顺应和安静。

不争也是大道的特性。一物和他物相比较，总是有个长短高低之别。大道如水，不和万物争高下，这样就给万物以舒畅的感觉，不会给万物带来难堪、别扭，这样就容易为万物所接纳，并为万物所遵循。

大道守静持弱的特性在生活中常常为人所用。在孩子较多的家庭，子女之间常会产生矛盾和纠纷。当然这些矛盾和纠纷大多不是原则性的，而是日常生活中的琐事，有的时候是为了一个玩具，有的时候是为了一把吃的，有的时候仅仅就是为一点微不足道的小事。兄弟姐妹之间闹矛盾、耍别扭，大多数父母都能够做到秉公处理，其中一个常用的方法就是让弱势且乖巧的小孩不吃亏。表面上弱的一方吃亏了，但父母常常在背后会给孩子更多的安抚。

唐代高僧惠能在二十四岁时辞母出家，往蕲州黄梅东山参拜五祖弘忍大师。起初，惠能一直在寺庙里做些劳役之事。弘忍大师为传衣钵，请弟子们写诗偈以秀道行。当时佛教内部争夺宗祖地位的竞争十分激烈，惠能以四语偈"菩提本无树，明镜亦非台。本来无一物，何处惹尘埃"为弘忍大师所看重，秘密传之佛法大统，令其秘密外出，不与以神秀为代表的弟子们争强弱。惠能示弱，藏迹于猎人群伍之中，隐居十五年。弘忍入灭之后，惠能才开始传法受戒，终成一代大师，这就是守静持柔之德，也是守静持柔之得。

不争之德可以容人。现实世界中，每一个人都会犯错误，也难免会犯错误。对于同一个事物，每个人都会有自己不同的看法。有的人会依据自己的看法倔强行事，犹如盲人骑瞎马，夜半临深池，最终摔得鼻青眼肿，有的人因此一蹶不振、遗憾众生。对于别人已经发生的事情我们该当如何看待？最好的办法就是采取"无有"的态度，也就是古人所说的"成事不说、遂事不谏、既往不咎"。

逞强是人的本能，示弱是人的理智。在众人中，一个逞强的人往往会得罪他人，遭到他人的嫉妒。一个示弱的人往往是人人都想帮助的对象。三国时期，刘备、关羽和张飞桃园三结义，刘备因为年长而为大。而刘备得到关羽和张飞的尊重并不是因为他的能力比关羽和张飞强、武艺比关羽和张飞高，而是因为他善于示弱，善于尊重他人，所谓一个好汉三个帮，刘备这样一种示弱的做法和善于尊重他人的品行引来了众多的追随者，因此势力越来越强大，最终三分天下有其一，这就是以弱胜强、以柔克刚之得。

二

为之未有的行道自觉

运动观本身就是一种思维视野，贯穿在历史观中，是人类认识自然、世界和自身的一种智慧。运动观包含发展观，其中蕴含着认识事物发展变化的规律和趋势，老子所谓"合抱之木，生于毫末；九层之台，起于累土；千里之行，始于足下"，就是运动观的一种经典表达。万物从无到有，从小到大，从弱到强，从盛极到衰亡都是有规律可认识的。如果认识了大道的运动性特性，那么把握事物的时候就知道采取什么样的有效方法，找到处世的智慧，这在《道德经》第六十四章中有着深刻的剖析：

> 其安易持，其未兆易谋。其脆易泮，其微易散。为之于未有，治之于未乱。……民之从事，常于几成而败之。慎终如始，则无败事。

局面安定的时候容易把持，事情未现端倪的时候容易谋划。脆弱的东西容易分开，微小的东西容易散失。圣人往往会在事情还没有发生的时候就有所作为，善于在乱还未形成之时就加以预防。这就是从政的智慧，也是生活的智慧。

粗大的树木从细小的嫩芽开始成长，高楼的台基从第一筐泥土开始堆积，千里之旅开始于脚抬起来的第一步。世人做事往往是在快要结束的时候失败了，越接近于事情尾声，越要以慎终如始的态度认真对待，能秉持这一点就不会有失败。

遵循大道的统治者是有格局的，这个格局包括历史观、生命观、发展观以及大局观，有了这样的大格局就能遇事不乱、处变不惊，因其懂得"其安易持，其兆易谋"的道理。

大道化生万物，万物的生长有一定的规律和过程。万物的生长最初从一个原点开始，当生命开始孕育的时候，往往是安静的、不声不响的，是柔弱的，也是最容易把握的。

新生的事物随着时间的推移而发展，由静而动，由小而大，由弱而强，慢慢展示出趋于强壮的趋势。当事物处在柔弱而安静的状态时最容易把握，当矛盾还处在一种萌芽状态时，或者呈现发展趋势而未成为定势的时候也是容易把握的。随着时间的推移，如果不注重"为之于未有，治之于未乱"，就容易小事拖大，大事拖炸，带来不可承受的后果。

当矛盾处在初始的状态时容易化解，当事情出现了一点微小的不好苗头时容易消除。所以遵循大道的统治者善于在事情还没有发生的时候有所作为，善于在治乱还未形成之时就加以预防，这就是遵循天道的治理之法。所以我们不能从字面上理解无为而无不为。某种程度上来说，"无为"实际上就是"为无"，也可以说是为"无"。

为什么这么说呢？因为"天下万物生于有，有生于无"。能够在无、有之间看到事物发展的趋势，预判事物发展的方向，采取或支持或反对的措施，就能够促进或引导事物的发展，或者消弭、避免问题的出现和扩大化。

能够做到"为之于未有，治之于未乱"的人是有大格局的人，这样的人知晓事物发展的过程规律，具备历史的视野和天下的视野，因此能够做到"不出户，知天下；不窥牖，见天道"，这就是无为，实际上是"为无"，就是"润物于无声"，"消弭于无形"，从而达到"无为而无不为"。

"天下难事必作于易，天下大事必作于细"，这是天下万物生长的规律。我们所看到的参天大树是从一颗种子开始孕育起来的。从种子到幼芽，从幼芽到小苗，从小苗到大树，从大树到参天大树，这是日复一日、日积月累、多年积累起来的结果。

中国古代有四大名楼，一为"昔人已乘黄鹤去，此地空余黄鹤楼"的武汉黄鹤楼，二为"落霞与孤鹜齐飞，秋水共长天一色"的南昌滕王阁，三为"昔闻洞庭水，今上岳阳楼"的湖南岳阳楼，四为"绝知蓬岛异尘寰，弱水相望万里间"的山东蓬莱阁。我们所见到的这些巍峨亭台不是一朝一夕就被建立起来的，而是由一筐一筐的泥土积累起来的；遥远的目的地无法"一蹴而就"，也是一步一个脚印走过去的，这需要持之以恒的坚韧品质。荀子在《劝学》中说到了这种持之以恒的品质，就是"积土成山，风雨兴焉；积水成渊，蛟龙生焉；积善成德，而神明自得，圣心备焉。故不积跬步，无以至千里；不积小流，无以成江海。骐骥一跃，不能十步；驽马十驾，功在不舍。锲而舍之，朽木不折；锲而不舍，金石可镂"，所以说学不可以已。

事物发展有所成，非得有持之以恒的志向不可，古人总结为"无冥冥之志者，无昭昭之明；无惛惛之事者，无赫赫之功"。

要想事有所成必须遵循大道，为之于未有，治之于未乱。要想成就大事必须从细微之处开始，做到持之以恒、坚持不懈。如果刻意有为就容易失败，如果执意把持就容易失去。遵循大道的圣人懂得这个道理就不会刻意妄为，不刻意妄为就不会有失败的事。圣人不会坚守执着，不坚守执着也就不会失去什么。本来就是无为，本来就不执着，还有什么可以丢失的呢？所以说"无为故无败，无执故无失"。

事情的成功还在于坚持不懈。西汉学者刘向在《战国策》中提到"行百里者半九十"，说的是事情越接近于尾声，越要以慎终如始的态度认真对待，否则就会功亏一篑。常人做事，往往是在快要到结束的时候失败了。原因何在？原因就在于不能够做到慎终如始，越是接近成功，心思意念越不容易集中，越是这样越容易失败。"井掘九仞，犹为弃井；山亏一篑，遂无成功"说的就是这个道理。

圣人清楚"天下万物生于有，有生于无"，也明白"有之以为利，无之以为用"，常常以"无"自居，以"无"自处，所以能做到无为、无事、无味，能做到不欲、不贵、不学。

圣人"欲不欲",圣人追求无欲而不追求个人喜好和意愿,因而也就不以难得的物品为珍贵,正如楚书中所说的"楚国无以为宝,惟善以为宝"。

圣人也有要学习的东西,考虑到"为学日益,为道日损"的道理,圣人所学必定是天下大道而不是普通的知识或技能,唯有学习天下大道才能达到"不学"的目的。所谓"受国之垢,是谓社稷主;受国不祥,是为天下王",只有秉承天下大道的圣人才能够"损之又损,以至于无",只有遵循大道的君子才能够做到"我将无我,不负人民",遵循大道规律而不肆意妄为,从而担负起牧养百姓、教化百姓的重任。

出生入死的遵道智慧

人的一生是生命的过程,是生命运动的过程。人的一生有生有死,有小有大,有弱有强,生命的过程就是一个"出生入死"的过程。《道德经》第五十章谈及生命过程的长短,并分析了原因:

> 出生入死。生之徒,十有三;死之徒,十有三;人之生,动之于死地,亦十有三。夫何故?以其生生之厚。

老子是圣人,是智者,老子的思想参天地之道,究天人之际,尽阅人间之《诗经》《书经》《礼经》《易经》《乐经》,是古代思想之集大成。老子关于"出生入死"的论述和思想与《黄帝内经》中的思想有着高度的一致性。黄帝问天师岐伯，为什么上古时期的人往往能过百岁而动作不衰，今世的人年过半百不能尽其天年。岐伯回答：

> 上古之人，其知道者，法于阴阳，和于术数，食饮有节，起居有常，不妄作劳，故能形与神俱，而尽终其天年，度百岁乃去。

岐伯分析，今世的人常"以欲竭其精，以耗散其真，不知持满，不时御神，务快其心，逆于生乐，起居无常"，所以短命。要知道，古人把寿、富、康宁、好德和善终视为人生五德，是人生最大的财富所在。在黄帝和岐伯的问答中，岐伯所答就是老子所谓的"生生之厚"，常人特别注意奉养自己，主要原因是没有看到人生是一个过程，是一段历史，是一种运动，是一种方式。

人来到这个世界为生，离开这个世界为死。从出生到死亡的阶段是人生的常态，其中属于健康长寿的人占了十分之三，短命折寿的人占了十分之三，本来长寿但因把自己置身于危险境地而死亡的人又占了十分之三。这是为什么呢？因为这些人过于奉养自己的身体，或者过分逞强而把自己置身于危险境地。

中华优秀传统文化源远流长、博大精深。几乎所有的文化不是指向人，就是指向人所处的自然环境。仅仅反映人类社会和自然环境的文化还不足以具有哲学意义上的价值。作为中华优秀传统文化，老子的大道思想深入阐述了人的生死问题，也阐述了世界的本原和归宿。宇宙万物有始有终，生命个体有生有死，人类社会的重大议题之一就是生命的本质、生命的价值和生命的规律。为什么有些人长寿而有些人短寿呢？在上古时期，"上古之人，春秋皆度百岁而动作不衰；今时之人，年半百而动作皆衰者"，为什么呢？

从某种意义上来说，人一出生就慢慢走向死亡。按老子的说法，人的一生可以分成三个阶段，第一个阶段为生长发育阶段，第二个阶段为衰老走向死亡阶段，处于这两个阶段之中的一个阶段是为"人之生，动之死地"阶段。

人之"生生之厚"指的是人过于奉养自己。在身体的各种感官、精神的各种追求方面所求过多、过甚、过欲，未能够深切了解"五色令人目盲，五音令人耳聋，五味令人口爽，驰骋畋猎令人心发狂"之后果。有了的还想有，得到的还盼望，盼来盼去最终盼来一个"透心凉"。情绪的变化、心里的落差往往会带来心力交瘁，这是一种"生生之厚"。

有人说除了生老病死，人的一生还有四大苦——贪嗔痴、求不得、怨憎会、爱别离。有多少人想求长生、求富贵、求福寿而不得。有些是能力不够，有些是命运不济，有些是志大欲盛，他们本想长生长寿，反而夭身折寿，这是一种情况。

人之"生生之厚"的例子在现实生活中比比皆是。有的人注重吃喝享受、有的人沉溺声色犬马，认为人生一世不能亏了自己，所以有条件的吃喝玩乐，没条件的创造条件，有机会的声色犬马，没有机会的创造机会。除了一日三餐，晚上夜宵不断，甚至于把吃喝玩乐、迎来送往当作处理人际关系甚至做工作和业务的一个重要手段。营造氛围把朋友或者宾客整个大醉才肯罢休，才感觉"感情到位"。殊不知这样的"感情到位"带来的是身体的疲惫、肠胃的受罪，带来的是健康受累。在这个过程中，人实际上就是"以欲竭其精，以耗散其真"，"不知持满，不时御神，务快其心，逆于生乐，起居无节"，最终是害人害己，得不偿失。

在老子看来，常人短命折寿的另外一种情况是"动之于死地"。人生活在一定条件和环境中，环境有顺境、有逆境，有舒适的环境，有艰苦的环境。一个得道行道的人，是善于区分外在环境好坏的人，是善于趋利避害的人，是善于因势利导的人，是绝对不会把自己置身于危险境地的人。这样的人见到利益不会因利忘义，一定会区分环境之吉凶，分析后果之得失。这样的人出行一定会遵循大道，晴带雨伞，饱带饥粮，行于大道，不走小径，更不走歪门邪道。

大道之路很平坦，但是世人喜欢走小路，乃至于窄路，直至走到死胡同。在人类历史上，这样的情况数不尽数。吴越争霸中，越王勾践在范蠡和文种的辅助之下，最终灭掉了吴国。范蠡看清了形势，知道勾践为人"蛇颈鸟喙"，必定是"只可共患难，不可与富贵"，最终携西施隐退江湖，得以终享天年。可是聪明如文种之流，居然看不清"伴君如伴虎"的形势，把自己置于危险的境地，最终退无可退，只能自我了断，这就是"动之于死地"而不识的后果和悲哀。

四
上善若水的循道主动

每一个人都生活在一定的环境和条件下，环境有阴阳，有好坏，有吉凶。趋利避害是人的本能，在安危问题上人一定要有底线思维。若一贯遵循本能行事，抛弃底线思维，不注重实际，很可能将自己置于危险境地。那么，该如何化解？

《道德经》第八章明确提出了"上善若水"的观点，认为人为人行事要学习水的德行。水有哪些德行呢？老子提出水有着"居善地，心善渊，与善仁，言善信，正善治，事善能，动善时"等方面的德行。当然，老子在《道德经》其他多处地方也提出了"善摄生""善行""善言""善数""善闭""善结绳""善救人"和"善救物"等如水的德行。

水有着最接近于大道的特质。大道无形，水亦无常形，有时是固体，有时是液体，也有时候是气体。大音希声，水的运行有时会产生声音，但绝大部分时候人们是听而不闻。大方无隅，水没有固定形态，因而是搏之不得、君子不器的存在。

水最大的品质是不争。不与山岳争高下，不与时日争短长。水所停留之处往往是低洼之地，低洼之地往往是一般人不乐意安居之所，是大家都讨厌的地方。人往往喜欢往高处走，喜欢向阳的敞亮高处，喜欢万人瞩目的地方，喜欢在权力和聚光灯所处的地方。为此，许多人不惜用生命和勇气奋力拼搏以遂其志，不少人身心疲惫、健康受损，虽遂其志，难免伤痕累累。纵观古今，也有不少人留下"壮志未酬身先死，长使英雄泪满襟"的遗憾。

依道而行的人是善于养生的人，是善于自我保护的人。养生有内在的养心养身，有注重外在环境的变化，不使自己处于危险的境地。所以老子说，"盖闻善摄生者，陆行不遇兕虎，入军不被甲兵"。

通篇来看，老子说的是道理，而道理具有普遍的价值意义。所以老子这里所说的"陆行"并不仅仅是在讲走路，而是指人在自然世界中遇到的各种情况。同样的道理，"入军"并不仅仅是指在行军打仗的乱世，而是指人在社会中遇到的各种危险和混乱的情况。

个体的自然属性与社会属性均受到其所处时代、世界以及具体生活环境等因素的深远影响。生活在山区还是平原，生活在城市还是农村，都深深影响一个人的成长历程和思维方式。生活在农业文明时代的人和生活在工业文明时代的人难以对话，同样与生活在信息文明时代的人也有思维上的极大不同。

俗话说"井蛙不可语海"，"夏虫不可语冰"，这是因为每一个人的思维都会受到周边环境和时代的影响。人类生活生产离不开一定的自然条件和自然环境，同时也受到自然条件和自然环境的制约，所以人的衣食住行都有着自然环境、自然条件可能带来的"吉凶悔吝"的后果。老子说过，"勇于敢则杀，勇于不敢则活"，当我们了解了其中的规律，认清了发展的趋势，就可以做到趋利避害，否则就要承担危险的后果。

"明知山有虎，偏向虎山行"，这句话寄托着人们对英雄气概的崇敬。在古代社会生活中，个人怎么会是老虎的对手呢？如果"不知山有虎，偏向虎山行"说的是一个人的无知，那么"明知山有虎，偏向虎山行"则表明一个人的愚蠢，把自己亲自送往危险的境地，这不是愚蠢是什么？

所以知道、明道、行道的人，是不会往危险的境地去硬闯的。不硬闯，刻意避开影响生命安全的危险，就不会把自己置之死地，除非他有足够的勇气、足够的能力能够面对未来的困难，如同项羽面对章邯时候的"有志者，事竟成，破釜沉舟，百二秦关终属楚"。

俗话说，人无远虑，必有近忧。我们对于居住的地方的选址是有讲究的。一个居住在山区的人往往不会把房子建造在河道附近，一个居住在平原地区的人往往会避开在大道两边建房。要进山行路的人需要有熟悉的向导带领，要涉水渡河的人需要有船夫的陪伴才能前行。夏天，一个去北方旅游的人需要多带随身衣服。冬天，一个去南方旅行的人不需要携带过多的行李。善于出行的人会晴带雨伞、饱带饥粮，天晴的时候出门，记得带一把伞，以备不时之需，填饱了肚子去赶路要带一点食物，以备不虞之时。

除了生活在自然条件下，人还生活在一定的社会条件下。虽然不能说人心险恶，但是社会上的矛盾、争斗、陷阱、危险无处不在是不争的事实。随着汽车越来越多，交通事故造成的人身伤害也越来越多。一个人出门越多，实际上他面临风险的概率也就越大。一个人出门越少，面临的风险则越少。

在疫情防控常态化的时代，个人减少外出，减少在社会公共场所的聚集，可以有效减少被疾病传染的风险。在一个动荡的社会、战争连连的时代，经常外出的人难免遇到人身方面的危险。减少外出就可以减少社会动荡带给人的危险，这就是老子所说的"兕无所投其角，虎无所用其爪，兵无所容其刃"。

外在的行为实际上是内心私虑的结果。古人在养生保身这方面提出了"志闲而少欲，心安而不惧，形劳而不倦怠"的忠告，倡导恬淡生活，精神满足，欲望适中，内心安宁，远离恐惧，适度劳形，真气平和，淳朴自然。只有这样才能够"嗜欲不能劳其目，淫邪不能惑其心，愚智贤不肖不惧于物"，不为万物干扰视听、诱惑心智，始能终其天年，跳出"人之生，动之于死地，亦十有三"的困境，达到"兕无所投其角，虎无所用其爪，兵无所容其刃"的境界。

当今社会，"虎兕""兵刃"的风险和危险无处不在，有的时候风险和危险还披着华丽的外衣来到你面前。俗话说天上不会掉馅饼，当我们面临天上掉下来的"馅饼"的时候，一定要能清醒地分辨这是不是一个陷阱。唯有我心不动，始终处在一个"中""和"的状态，才不至于失去内心的宁静，才能把握自己的命运。我们唯有守住自己内心深处的那一份宁静，面对外界的诸多诱惑，方能做到"不乱于心，不困于情，不念过往，不惧将来"，方能安好。

每一个人都有自己的人生路径，每一个企业都有自己的发展方向。如果坚守自己的初心，与时俱进，就不会把自己置于危险的境地。就怕一边守着自己的一摊子事，一边却惦念着别人的山头。丢下自己的长处，去试水从来没有从事过的事业，这种情况下成功者少，挫败者多。

所谓"三百六十行，行行出状元"。这个世界有的人从商，有的人从政，有的人从文，每一个行业都有一个行业的实际。对于不同行业的人员而言，隔行如隔山，若轻率地以自身专业去评判他人的专长，很可能引发难以预料的后果，不仅得罪个人，还可能波及整个行业以及行业背后的强大力量。在信息化时代，个人的失误很容易招来集体或组织的口诛笔伐，使得个人难以承受"众口铄金，积毁销骨"的后果。同样道理，针对个人的指责往往牵连到其背后的行业，也就会出现当代互联网中的"株连"现象。

同样的道理，在生活中我们不可轻易出口评价一个人，因为"横看成岭侧成峰，远近高低各不同"，从不同视角看一个人或事物，结果会截然不同，更何况事物是发展变化的，而不是静止不动的，"士别三日，当刮目相待"的情况实属常见。所以慎言、慎行也是"无死地"之举。

第八章 老子的为政观

知雄守雌的常德玄德

绝圣弃智的见素抱朴

以正治国的恒道常道

不知有之的道法自然

无为而治的大道智慧

老子《道德经》主要讲了四个方面的道：大道本原、大道本体、大道本性和大道之用。老子所说的大道之用，包括圣人之治和君子之道。由于老子自身是政府官员，是周朝典藏室之史，相当于今天的国家博物馆和图书馆的馆长，能够直接和国家上层乃至天子打交道，所以，他在《道德经》中重点阐述了圣人之治道。

老子的为政思想来源何处？纵观上古时期社会上施行教化所用的《诗》《书》《礼》《易》等经典，不难看出老子的为政思想传承了古圣先贤的智慧，是上古时期古圣先贤思想之大成。老子的思想对后人有着深刻的影响。老子最为推崇的圣人是古代遵道循德治理天下国家的最高统治者，是为三皇五帝。遵循大道治理国家，秉持的是"处无为之事，行不言之教"的政教合一、德行兼备的理念，《道德经》称"是以圣人处无为之事，行不言之教"。如何遵道循德行"无为之事"呢？在《道德经》第五十七章，老子明确提出了三个原则，那就是"以正治国，以奇用兵，以无事取天下"，倡导圣贤治理国家，从而形成了一系列的为政智慧。

一

无为而治的大道智慧

　　大道纯朴自然，老子倡导遵循大道，守静持柔，因此提出统治者在治理天下的时候也要秉持"处无为之事"的基本原则，倡导无为而治的大道智慧。

　　纵观先秦时期，尤其是三皇五帝时代的为政之举，便能深深理解老子所说的无为而治。在尧舜禹的时代，选拔任用官员首先考虑的要素是德，秉持着明德、明理、明事在任人的原则和路径，也就是说任用一个人，德的层面是首要考虑的。对一个人而言，短时间提高能力水平是可以的，但是修德不易，需要有一定的天赋，同时更需要长时间的积累，才能有被大家公认的德行。至于才，一个德行高尚的人走上了主要领导岗位，可以通过有才能的人的辅佐也能成事，这就是帝舜在选拔主要官员时候的价值取向。

　　遵循明德、明理、明事的标准，知人善任，放手让他们去做事。做事情的过程中，最高领导往往把握好大的方向，而不纠结于过程，乃至于三年一考核，按照考核的成绩来确定奖励或者惩罚，因此能做到"临下以简，御众以宽"，是为无为之治。

　　什么是"处无为之事"？"处无为之事"绝不等同于不为，没有作为，无所作为。恰恰相反，"处无为之事"是一种处世的最高智慧、为政的最高道德。在《道德经》第三章，老子就提出了如何以"处无为之事"的智慧来为政。

> 不尚贤，使民不争；不贵难得之货，使民不为盗；不
> 见可欲，使民心不乱。是以圣人之治，虚其心，实其腹，
> 弱其志，强其骨。常使民无知无欲，使夫智者不敢为也。
> 为无为，则无不治。

不推崇贤能之人、不贪图难得之物、不让老百姓有过多的欲望，使老百姓和谐相处、思想纯正、民心不乱，这样就符合大道无为的原则。所以圣人治理天下国家，重点在于让天下百姓淳朴其思想，饱暖其身体，弱化其奢欲，强壮其筋骨。使老百姓处于一种平和的状态，没有智巧可用，没有欲望可逐，以大道治国，使那些有智巧的人也不敢肆意妄为。圣人以其无为之治，所以能够成就天下大治。

圣人治国，"不尚贤"，"不贵难得之货"，"不见可欲"，使百姓没有争夺之心、盗窃之意、焦躁之志，这就是无为之治的具体表现。物质世界里，饮食男女难免人心浮躁、相互攀比、明争暗斗。物欲世界令人眼花缭乱，给人带来最大的迷惑是心的迷惑，最大的焦虑是心的焦虑，最大的缺失是信仰的缺失。

所谓迷惑，是指在物质世界中，在理智和情感的交织、利益和良知的冲突、物质和精神的交汇中难以找到一个平衡点。所谓焦虑，就是不安。不安和修身有关，修身有安，身不修则心不安，安是修身的主要环节之一。古人之修身，有定、静、安、虑之要求，所谓"定而后能静，静而后能安，安而后能虑，虑而后能得"。

生活中要安于饮食。春夏秋冬、寒来暑往、秋收冬藏，一方水土养育一方五谷，一方五谷养育一方人民。适合本地气候

和土壤生产出来的五谷杂粮、瓜果蔬菜最适宜养生，而远方异地的山珍海味往往带来身体的不适，是为饮食方面的不安。

在工作中要安于职守，为人要安守本分，干事业要安守天道。看不到宇宙世界天道、地道、人道的整体性，眼中只局限于人道，必然会违逆天道，违逆天道则身不修，身不修则事难成。

古之士者为己，今之士者为人。这里的"为己"并非如现今所理解的，为了个人的私利，为了个人的金钱、荣誉和地位，而是涵盖了修为和作为两方面的修养。

修为是对自己的，包含提高个人道德素质、能力水平和技能。春秋时期的孔子，在成长过程中主修礼、乐、射、御、书、数六艺，熟读《诗》《书》《礼》《易》等经典，经常做到"学而时习之"，把学到的知识用于实践，从而不断提高个人自身的修养。

作为是对外的，就是把所学知识用于实践，把自己的能力和水平充分发挥出来，使之有利于邦国，有益于人民，有用于天下。

今天人之为人，不是为己而是为人。今天的人之所以焦虑，是因为不能拥有一个真实的自己。读书时围绕着老师、家长转，跟着高考和分数的指挥棒转，丝毫没有乐趣可言，真所谓"学海无涯苦作舟"，怎可能有个真实的自己？

其实，人生焦虑还有一个最深层原因，那就是信仰的缺失。这里所说的信仰并非宗教信仰。中国古代是有信仰的，这个信仰就是对上天、天帝的信仰。在老子时代称为"天道"，后来又引申为道、大道、天道。天道有三方面的含义，一是指宇宙世界的本原，二是指宇宙世界的本体，三是指宇宙世界在运行中所表现出来的规律性即本性。

在远古时代，本来是天人相交，天人合一。人顺应天道，有所修为就能成为至人、真人和圣人。但随着社会的发展，人道逐渐发展起来。在许多方面人道和天道存在着张力，而在某些方面人道甚至是违逆天道的，因而人道越来越狭窄，使人产生心理上的焦虑，也给社会带来一系列的问题。

"不尚贤，使民不争"。老子的说教和思想，不能脱离当时的社会历史背景。西周初年实施分封制，到了西周后期，由于周王室的衰弱，各诸侯国相对强盛起来，随着各诸侯国地位和势力的相对升降，有一些诸侯国逐渐成为地区之强、诸侯之首。在这样的背景之下，诸侯争霸的现象就出现了。诸侯争霸给所有的诸侯国都带来了严重的压力。有的为了王道，有的为了霸道，有的为了求存，有的为了安民，各诸侯国相继招贤纳士，把各种各样的人才聚集在自己的周围。一时间，各种思想、各种主张相继而出，在思想领域一度形成了"百花齐放、百家争鸣"的繁荣景象。

什么是贤？古人认为"有而无之之谓圣，无而有之之谓贤"，把能够从"无"达到"有"的境界的人称为贤人。何谓"贤"？"贤者，多财也"，也就是有能力使自己壮大起来的人，有能力使国家强大起来的人。当然，能够使自己壮大、国家强大起来的人，在某些特定历史时期是符合天道的，但其中也不乏智巧发挥的作用。

隋朝以前还没有出现科举制，人才的选拔最初采用的是世袭制，到了后来产生了举荐制，也就是大家公认的贤良之士被各级官员推荐后得到重用，因而成为贤能之士成为世人的追求。贤能的标准各不一样，各个地方有各个地方的实际情况，各个王侯有各个王侯的价值取向，所谓的贤能没有一个公认的标准。因而，在思想上出现了百花齐放、百家争鸣的景象，但在社会政治层面，却导致了思维的动荡。不同的统治者有不同的价值标准和路径选择，因此墨家、儒家、道家、法家、阴阳家、纵横家、农家、兵家等的思想主张在这一段时间竞相奔放。但整个社会却是相对混乱，在国家内部有贤能之士的相互竞争，在国家与国家之间有着强烈的利益冲突。究其根源，老子认为都是"尚贤"的结果、有为的根源。

宇宙世界有其运行的法则。按照运行的法则行事，不争名，不夺利，不尚贤，不贵难得之货，不见可欲，则天下大治，这就是不争之德。具体来说，"不尚贤，使民不争"是从人的角度来看无为，"不贵难得之货，使民不为盗"则是从物的角度来看无为。天生万物，每一物都有其功用。在没有人的世界，天下万物各安其安，无高低贵贱之分，这就是"天道无亲"。但在有人的世界，有了人为的影响，宇宙万物就出现了人为的价值区别，本来都是大自然中普普通通的物品，有的被视为高贵，有的却被视为低贱。被视为低贱的弃之于野，被视为高贵的则人人争相以求，成为难得之货。

当人类有了私心杂念，有了高低贵贱之分，则追求难得之货成为正常。人有力气之大小、智巧之高低，国有国力之强弱、人才之多寡，最终角力的结果，或计谋以得之，或努力以得之，或强力以得之。人人追逐难得之货，国国追求炫目之宝，整个社会蔓延着一片盗机，明争暗夺、尔虞我诈的思想就会盛行，这就成为天下大乱的起始。

大道有有无之德，万物有阴阳二性，这在老子看起来就是"有无相生，难易相成，长短相较，高下相倾，音声相和，前后相随"的表现。人之处世，应该见身见影，见善见恶，见花见刺，见大见小，见顺见逆。只见身，不见影，不见其处；只见善，不见恶，不知后果；只见花，不见刺，焉有不伤手？只见食，不见度，焉有不伤胃？只见色，不见盲，焉有不伤目？只见利，不见义，焉有不伤志？

老子所说的无为并非不为，是顺势而为，这个势就是天下大道的运行规律。势中包含着有无之德，人不可不思而行，因此顺势而为实为三思而后行。经过多次合道的思考后再行动，还不一定能够看到事物的有无两面和发展之势，所以孔子说"再思可矣"。

如何做到"不尚贤，使民不争，不贵难得之货，使民不为盗，不见可欲，使民心不乱"呢？那就要顺应"天地不仁，以万物为刍狗"的教训，使人民保持不争的淳朴，保持不盗不乱的状态，也就是"安"。

农业社会生产力水平相对稳定和低下，国家往往采用重农抑商的政策。社会上欲望多，人人希望能够有权或富有，不为官即为商。但是，哪怕巨商大贾其社会地位还是比较低的。要想赚钱，要想富有，难免在买卖中两头欺骗，导致交易过程中纷争迭出。

孔子曾经被鲁国三公之一的孟僖子委派到成邑充任委吏。在孔子赴任前，成邑的委吏常常"大斗进"，用大于农民的斗作为量具来收取农民的赋税，而商人的常法是"大斗进，小斗出"，有欺诈就有纷争，有纷争就会有动荡。所以，要天下大治，首先要不争，不争就是稳定。古代认为商业活动是造成社会动荡纷争的根源，而社会动荡的结果，极有可能是发生颠覆性的革命，所以历朝历代的统治者都追求社会安定有序。

庄子曾经讲过一个寓言。有一个自称善于捕鱼的人，当有人请他过来捕鱼的时候，他就操起渔网问主人鱼塘在哪里。主人还以为他拥有特别的捕鱼技能，没想到他捕鱼的技能是在鱼塘里捕鱼。在鱼塘里捕鱼难道是好的技能吗？用智巧或者权势多收取老百姓赋税的官吏并不是真正的贤才，所以庄子认为这些智巧之人是导致社会动荡、人民纷争的原因。

王安石变法是中国古代有名的四大变法之一，变法最后以失败而告终。王安石曾在基层推行过青苗法，效果很好。等到他当上了宰相，把青苗法推行到全国的时候，基层官员为了考核之需滥用青苗法，强行推行，导致天下大乱。苏东坡体恤民生之艰辛，反对青苗之法，在他的诗词中屡屡有所提及，这后来成为苏东坡被一贬再贬的原因。朝廷中正直之人遭到排挤，曲直小人济济于廷，国未富而民积贫。变法失败导致朝野元气大伤，这就是"尚贤"带来的后果。

"不尚贤"，即不为朝廷畜养聚敛之臣。《礼记》认为，国家利义而不利财，盗臣损财，而聚敛之臣损义，所以提倡"伐冰之家，不畜牛羊，百乘之家，不畜聚敛之臣；与其有聚敛之臣，宁有盗臣"。

"不贵难得之货，使民不为盗"。衣食住行皆有难得之货，吃的有山珍海味，穿的有绫罗绸缎，行的有舆服鞍马，住的有深宅大院，玩的有奇珍异宝。难得之货令人耳聋、目盲、口爽，令人心发狂。难得之货哪里来？不靠自身的奋斗那就靠巧取豪夺，这样就会导致盗窃、欺骗、贿赂、不义，其结果必然是人心发狂、社会混乱、国家纷争。单单一个和氏璧就葬送了多少人的性命？带来了多少纷争？所以有人认为，难得之货也是难得之祸。

当今之时，年轻人也面临着难得之货的诱惑。金钱、荣誉、地位、娱乐、汽车、房子都是难得之货。年轻人一旦沉溺其中，则难以自拔。如果求而不得则会心生怨恨，个别人甚至铤而走险，走坑蒙拐骗之路，最后落得个众叛亲离、银铛入狱的下场。

"不见可欲，使民心不乱"。中国自古以来就有对权力的崇拜，权力也是一把双刃剑，用得好可以造福万代，用得不好可能祸及子孙。所以不可乱权，不可专权，不可妄权。所谓上有所好，下必甚焉。当居于上位的统治者有所癖好时，居于下位的人就会想方设法满足其要求，导致政策层层加码，到了最基层，势必会走形变样，偏离原道。

所以，官员不可有嗜好，甚至于所谓的雅好也都可能成为民心混乱的原因。官员爱钱财则会有钻营，官员爱收藏则会有纳贿，官员爱谄媚则会有"一骑红尘妃子笑"，官员爱当老大则会有拉山头、拜兄弟、搞团伙，官员爱政绩则会扰乱民心，做面子工程、形象工程，官员爱迷信则信风水，烧头香。

圣人以天道治理天下，对于老百姓要让他们的内心善良淳朴、物质丰盛以满足基本需求，清除个人的私心杂念，让他们为人处世没有伪巧之心志，没有个人之贪念，没有争名夺利之欲望，即使有智巧心智也不得乱为。圣人以大道原则来治理天下，天下没有治理不好的。

二

不知有之的道法自然

为政之道是有层次、有境界的。在我们的日常中，如果一个地方每天都能看到主要领导和老百姓打成一片，你如何看待这样的领导方式？如果一个地方平时看不到主要领导，感觉不到主要领导的存在，但是事情也都很顺利，你又如何看待这样的领导方式？在生活中，这两种情况都有，对此人们的反应也都不一样。老子又是如何认为的呢？

老子首要的观点是"太上，不知有之"，认为契合大道的最
上乘治理是人们不知道它的存在，次一点的是亲近、赞誉，再
次一点的是有所敬畏，最次的是对大道毫无尊重之心，认为其
是无稽之谈。在《道德经》第十七章，老子如此阐述社会对大
道的三个层面的认知，治理天下也完全契合这样的原则：

> 太上，不知有之；其次，亲而誉之；其次，畏之；其
> 次，侮之。信不足，焉有不信焉。悠兮其贵言。功成事遂，
> 百姓皆谓："我自然。"

"太上，不知有之"亦作"太上，下知有之"。笔者以为，
"不知有之"是最上乘的境界，最符合"太上"的价值判断。对
大道不了解、信心不够就不会相信。大道智慧是宝贵的，说出
来却是风轻云淡、优哉游哉的样子。在大道的作用下万事既遂，
老百姓却说我本来就是这样的，这就是"不知有之"的自然。

常人识道、信道、践道有一个过程，这个过程是从不信到
信，从敬畏到亲近，再到自觉践行大道，乃至于"不知有之"。
从无到有，从低到高的这个过程因人而异，这给我们依道实施
治理和生活交往提供了借鉴。

"太上，不知有之"。契合大道的高明统治者，让人们只知
道他的存在，很难一见他的真容，这高度契合大道神龙见首不
见尾、变幻莫测、阴阳不定的属性。人们生活在其中，不知道
大道的存在，也不知道统治者的存在，感觉到一切的一切都是
顺应自然，自然而已。人们种植五谷，便得收成；上山砍柴，
便有所得；下河捕鱼，便有所获，好像和统治者没有任何关系，
也不会看到这些行为背后的逻辑所在，这实际上是守道的统治
者所期待的"清静为天下正"的治道表现。

"其次，亲而誉之"。统治者欲有所作为，难免在众人面前有所表现。有所表现难免为众人所赞扬。统治者慢慢走入人群被人们认识，被人们亲近，被人们颂扬，这就是亲而誉之。开始了亲而誉之，难免会偏离大道，因为统治者有所作为后难免沾沾自得，认为一切都是自己的功劳。要想得到别人的认可，那就会愈发有所作为，愈发有所作为就违背了"清静为天下正"的大道。统治者为了让老百姓亲近他、赞誉他、歌颂他，也会做一些符合人心的事情，但不是所有的人都会满意，不是所有的事情都能为老百姓所认可，这也就为老百姓后来对其畏惧、不满甚至悖逆埋下了伏笔。

"其次，畏之"。最佳的统治之道是为中庸之道，即"有所为，有所不为"。但是统治者很难把握其中的平衡，本想积极主动为老百姓做些事情，当老百姓不了解、不理解、不跟随的时候又会发生认识上的偏差，有时候难免动用权威的力量让老百姓服从。当威权的力量不能够达到效果的时候，难免动用军队、警察、法庭、监狱这些国家力量使老百姓服从。起初，老百姓本来对统治者抱有好感，也对统治者带领他们向前走有所期待。但是当他们自身认知不足，难以应对变化、难以理解统治者的所作所为，而又受到权威和暴力逼压的时候，难免产生畏惧的心理。中国人常说"惹不起，躲得起"，也有"敬鬼神而远之"的说法，也就是说，我不和你玩了，我远离你不可以吗？这就是一种畏惧的表现。

"其次，侮之"。历朝历代都有过这样的统治者，贪婪无度、暴虐无常，视老百姓为草芥。但凡视老百姓为草芥的人，老百姓难免不视之为仇雠。

当老百姓承受物质上的贫乏和精神上的压力超过一定限度的时候，难免会有所反抗。当老百姓产生了反抗的情绪时，就表明这样的统治已经不合人心，不合人心也就意味着悖逆天道，严重一点，则政权会被老百姓推翻，统治者为天下所笑话。最高统治者本来代表上天来实施统治，因此被称为"天子"。天子行为最应该符合天道，但沉溺于世俗日久，天子也就逐渐背离了天道。天子悖逆天道的结果就是逐渐悖逆老百姓，视百姓为草芥，人为制造出强大的反对力量，焉有不身死国灭之理？

大道运行有其运动规律，"周行而不殆"，寒来暑往、秋收冬藏，有无相生、难易相成都是这个道理。所以老子说，道之为物，"窈兮冥兮，其中有精。其精甚真，其中有信"。信是天地万物之道。冬天到了，春天还会远吗？这是对春夏秋冬四季轮换的"信"。否到了极点，难道还有比这更否的吗？这是对否极泰来大道规律的"信"。

天地之道，因为有信，所以生生不息；圣人之道，因为有信，所以繁荣昌盛。作为统治者应该是言而有信。所谓"上有所好，下必甚焉"，当统治者诚信不足，老百姓就会对他失去信任感、依靠感。当一个社会心不朝一处想，力不朝一处使的时候，这个国家距离离心离德，甚至分崩离析也就不远了。

治理之道，在顺民心。对民心的敬畏是治理成功的开始，老子说，"圣人无常心，以百姓心为心"，圣人是顺应天道治理天下百姓的统治者。作为老百姓没有不想安居乐业、幸福乐活的，谁都不想居无定所，反复折腾，失去自由。

追求人全面而自由的解放是人类发展的终极目标。在人类社会的发展过程中，是老百姓把个人的权力让渡出来从而形成了集体的权力，统治者用这样的权力来统率万民，从这个角度来说，统治者的权力就是源于百姓。因此，作为统治者，必须看准方向，做好守夜人，履行好掌舵人的使命。

在人类历史中，人是社会发展的最终决定力量。人民是物质财富的创造者，是精神财富的创造者，是推动社会变革的根本动力。中国古代常常把统治者和老百姓的关系比作船和水的关系，老百姓是水，君主是船，船依靠水才能够行路，水能载舟亦能覆舟。没有水，船是走不动的，所以从这个角度来说，万事万物的成功都是老百姓的成功，而不是统治者的成功。这就告诫统治者不得与天争道，不得与老百姓争功，统治者的功成身退是天之道。

帝尧时期，百姓安居乐业，天下太平。有一天，有几位老人在路边"击壤而歌"，显示出非常幸福满足的样子。在旁边观看的人不由感叹："能够有现在的好日子，这是因为尧治理得好，都是尧的大德啊。"老人听了之后显得非常不高兴，其中一个老人说："日出而作，日入而息，凿井而饮，耕田而食，帝力于我何有哉？"老人的意思是说，我过我的日子，和尧的管理有什么关系啊？太阳出来我到田里干活，太阳下山我开始休息，我们凿井才有水喝，我们耕田种地才有粮食吃，这一切的一切和统治者有什么关系呢？

这就清楚表明，最佳的统治状态就是符合天道的无为而治。天下万物是"道生之，德畜之，物形之，势成之"，老百姓对统治者只知有之，一切的成就和统治者毫无关系，自然而然是为治道。

对于老百姓的治理，最忌讳的是统治者想扬名立万、想有所作为。有些领导者甚至走到最前线，对一线的工作者指手画脚，对老百姓吃什么、穿什么、种什么、如何行、如何做指指点点，他们这么做不仅得不到应有的尊重，反而使得老百姓极度反感。所以遵循大道的统治者主要是做规划，做好宣传和解释工作，发动老百姓去参与、去主动作为。参与的结果让老百姓知晓，让老百姓共享，让老百姓感觉到这本来就是自然而然。

三

以正治国的恒道常道

　　整体来说，先秦时代属于农耕文明时代。农耕文明时代，人们生活的场景是农村，农业生产是最基础也是最为重要的，因此有专门的农官来负责农事，同时也安排官员"历象日月星辰，敬授民时"，制定历法，把天时节令告诉民众以适时进行春耕、夏耘、秋收、冬藏。

　　今天，我们进入了工业文明时代、信息文明时代，先秦农业文明时代的优秀传统文化还能够为当今的我们所用吗？这就不得不提到文明的核心问题，那就是文明有不同的载体，我们称之为"本体"，但是能够传承下来的却往往不是文化的本体，而是蕴含在本体内的精神实质，也就是我们说的"神体"。

　　如何治理天下？农业文明时代，国家的治理不是只有农业，还有商业、外交、教化、军事等诸多方面，体现在诸多方面的共性的精神内核就是我们所要传承的，那就是"以正治国"。

　　老子所处的时代是诸侯争霸的时代，表面上还有一个周天子的存在，但此时的周天子已经不是周朝建立之初的周天子，所以诸侯争霸、肆意征伐乃为常见，最终的结果必然是百姓贫困、社会动荡、国家滋乱。

　　老子分析了百姓贫困和国家滋乱乃是妄为之果，提出了"我无为，而民自化；我好静，而民自正；我无事，而民自富；我无欲，而民自朴"的政治主张。在《道德经》第五十七章中，老子明确提出了圣人之治的三条基本原则：以正治国，以奇用兵，以无事取天下。

> 以正治国，以奇用兵，以无事取天下。吾何以知其然哉？以此。天下多忌讳，而民弥贫；人多利器，国家滋昏；人多伎巧，奇物滋起；法令滋彰，盗贼多有。

何谓"以正治国"？我们常常把治国认作一种政治行为。什么是政呢？政者，正也。什么是正呢？所谓正，就是不偏不倚。古代族群集居，在中间立个标杆，挂一个标志物表示中央、中正、不偏不倚。所以"正"是一种执中执庸的状态——不偏不倚谓之中，不易不移谓之庸，后来逐渐有了丰富的引申意。

一定范围的中心位置为中，一个物品稳定的状态为中，一个恰到好处的时机为中，一个没有喜怒哀乐爱恶惧的稳定心理状态为中，一个权力的聚集之地为中，一个适宜的温度也可以为中。

"正"是天地万物的一个稳定状态，后来逐渐引申出中、庸、和的概念。世界需要相对稳定才能保持一种平和的状态，一个国家涉及众多的人口、众多的民族、众多的内政外交，需要保持平和中正的状态，做到了就是符合天道，就是"清静为天下正"。以"清静为天下正"来治国，避免朝令夕改，朝令夕改会让老百姓不知所措。"清静为天下正"要"去甚，去奢，去泰"，避免物极必反，一旦过度就会引起反弹。"清静为天下正"就是要弘扬正能量，对不道之行为"执而杀之"，善于引导百姓"甘其食，美其服，安其居，乐其俗"，引导百姓"安其学而亲其师，乐其友而信其道"。

综合以上论述，我认为老子倡导的"以正治国"是治国有常，利民为本，依据大道行于大道，不走歪门邪道。老子把用兵称为"奇"，也就是"智巧"之道，认为这是不符合大道的，"非君子之道"，是他所厌弃的行为。古人认为"吉事尚左，凶事尚右"，把用兵作为一种凶事来对待，所以老子在《道德经》的论述中，把用兵作为一种"哀事"来对待，这就是"言以丧礼处之。杀人之众，以哀悲泣之。战胜，以丧礼处之"。

除了"以正治国，以奇用兵"，老子还提出了"以无事取天下"的第三原则。这一原则可视为"以正治国，以奇用兵"的最高抽象性概括与总结。以老子"清静为天下正"的思想解读"以正治国"，即倡导以"治大国若烹小鲜"的态度治理国家，秉持不折腾、不妄为、不随意搅扰百姓的原则。

用兵的目的是弭兵，同样符合正道，契合"以无事取天下"的原则。

如果统治者制定的禁忌越来越多，使老百姓动不动就触犯了各方面的刑律和禁忌，那么老百姓就无所适从，只会缩手缩脚，这也不敢做、那也不能做，就会越来越受限，越来越穷困。

如果国家对老百姓缺少必要的约束，使老百姓毫无禁忌地追逐各方面的利益，又必然会影响到一国的风气，这个国家也会变得上下昏暗起来。人脱离了淳朴的品质，社会上多了各方面的智巧，就会出现各种各样稀奇古怪的事物。如果说一个池塘里有鱼死了，数量不多的话还可以认为是鱼本身有问题，但如果一个池塘里的鱼都生了病，那就不是鱼的问题而是池塘的问题了。同样，如果一个国家的法令过多、过滥，甚至到了逼良为娼的程度，这就会导致违法、乱纪、犯罪、触刑之人越来越多，这就是恶法之下无良民的道理。

正因为老子有了"以身观身，以家观家，以乡观乡，以国观国，以天下观天下"的方法论，加上有"以正治国，以奇用兵，以无事取天下"的智慧，所以他知道治国治民的良方。老子心目中的圣人是上古时期那些得道行道的最高统治者，他们在治理天下的时候推行大道，因而他们具有治国治民的大道智慧，这些智慧的核心就是无为而无不为。老子认为，谨守无为而不妄为之道，则老百姓自然而然地自我生长生活；谨守好静而不妄动之道，则老百姓自然地走"正"道而不走"奇"路；谨守无事而不生事之道，则老百姓会自然富足；谨守不要有过多欲望之道，则老百姓会保持自然淳朴。

老子在这里再次强调了"无为"的政治主张，主张"无为""好静""无事"和"无欲"。为什么越是"无为"老百姓越能够做到"自化""自正""自富"和"自朴"呢？这是因为有一种天道的力量在推动。不管统治者是否有为，这种力量一直客观存在。所以得道的圣人深知无为无不为的道理，摒弃个人的主张、主见，顺应大道，以百姓心为心，从而能够凝聚起百姓的力量推动社会的发展，这样不仅能做到让老百姓"自化""自正""自富"和"自朴"，而且能让老百姓"皆谓我自然"，这就是"生而不有，为而不恃，长而不宰"的大道之用。

如何让百姓"皆谓我自然"？圣人治理天下不要有过多的个人主观意见，也就是"圣人无常心，以百姓心为心"。对于恪守大道的人和不恪守大道的人，圣人都同等对待，这就符合天道无亲的规则，圣人也就守住了自己的善德。对于相信和不相信大道的人，圣人也都尊重他们的选择，这就符合有无相生的规则，圣人也就守住了自己的信德。圣人治理天下，显现出天高云淡般的洒脱，圣人无己，专注其心，使自己和天下浑然一体、百姓归于淳朴。

"圣人无常心，以百姓心为心"，什么是"常"？什么是"常心"？为什么要做到"无常心"？回答了这三个问题也就能够明白这句话的本意。

首先来看看什么是"常"。古代人造常字，以尚为声，以巾为意，本指"裳"。我们常把衣和裳相连，古人把上面的服装称为衣，下面的裙子称为裳，合称为衣裳。古有"泣涕于常"之说，常指的是上衣。后来把常和裳作了区分，常指代固定不变、恒定。荀子在《天论》中有"天行有常，不为尧存，不为桀亡"之说，《易·系辞上》有"动静有常，刚柔断矣"之论，老子有"常德不离，复归于婴儿"之语，其中的"常"都是恒定的意思。

知道了常是相对恒定的意思，也就能够明白常心的意思。谁的常心？圣人的常心。圣人也是人，既然是人，就有自己的主观意见。自己的主观意见、主观臆断恒常不变，那就是强。以自己的地位或者权势，一定要坚持自己的主观臆断，或者执行自己的主观意见，那就叫逞强。逞强就是肆意妄为，老子称之为"不道"，"物壮则老，谓之不道"，不道的结果是"早已"。

由此逻辑可以看出，老子所说的"圣人无常心"是指圣人遵行大道的要求和行为选择。圣人是遵循大道的最高统治者，最高统治者有为政方面的职责，那就必须对国之大事有所决断。决断国家大事得有一个意见，圣人又没有自己的主观意见，那以什么样的意见作为决策的依据呢？老子提出了一个观点，那就是"以百姓心为心"。

按照现在的说法，老子提倡的是群众中心观点而不是帝王中心观点。以群众为中心的观点提倡一切意见来自群众，一切力量依靠群众，践行从群众中来，到群众中去的思想。说得更加深入一点，国之大事要以群众的意见为意见，国之发展要依靠群众的力量来发展，最终发展的成果由群众所享受，这就是"以百姓心为心"的现代应用。

百姓群众是一个集合体，这个集合体是由一个个具体而生动的个人所构成。在这个集合体中，有上士、中士，更多的是下士，还有为数甚巨的庶民。老子说"上士闻道，勤而行之"，因此对于上士的观点、符合天下大道的观点和意见，圣人乐于积极采纳。上士是如何勤而行道的呢？像水一样"善利万物而不争，处众人之所恶"，在处理军国大事的时候"不敢为主而为客，不敢进寸而退尺"，在处理国家大事的时候"以正治国"和"为政以德"。

四

绝圣弃智的见素抱朴

老子认为，要达到天下大治，人们还是要回到天下大道上来，保持淳朴的本初，减少过多的欲求。在《道德经》第十九章，老子如此论说"绝圣弃智"的做法和"见素抱朴"的智慧：

> 绝圣弃智，民利百倍；绝仁弃义，民复孝慈；绝巧弃利，盗贼无有。此三者，以为文不足，故令有所属。

以正治国而不是以智巧治国，老百姓能得到莫大的好处；遵循大道而摒弃刻意的仁义，会使老百姓恢复淳朴而家庭和睦；倡导天下道义而不倡导个人私利，社会上盗窃抢夺之事就会减少很多。智巧、仁义和巧利这三个方面是人们的修饰之词，不足以治天下。

统治者的价值追求理应是国泰民安。国泰民安，首先要让老百姓安居乐业，有饭吃、有衣穿、有房住、有钱使，保障老百姓有实实在在的安全感、获得感、幸福感。家庭是社会的基本细胞，在家庭里面重要的人际关系是父子、夫妻、兄弟之间的关系，这些关系顺畅，家庭也就和睦，家庭和睦社会也就有序。老百姓不过于贪图享受，不以难得之货作为生活追求，唯有这样社会才会安定。能够做到让老百姓安居乐业、家庭和美、社会安定有序，这样的统治也就算成功的统治了。

"绝圣弃智，民利百倍"，这明显指的是圣人之道，也就是治道。统治者能遵循大道治国是老百姓的福气，不遵循大道治国，会给老百姓带来祸患。世界上的统治者大多以圣人为榜样，所以特别强调圣和智。但是，当统治者特别强调圣和智的时候，又常常会失去大道。正因为失去了大道所以强调更甚，这就导致刻意有为。当统治者刻意把自己塑造成圣人的形象，阿谀奉迎的百官百姓就会处处迎合，到处制造这样一种圣人治天下的氛围。如此刻意为之，老百姓能得到什么益处呢？不仅老百姓得不到益处，而且还会给老百姓带来搅扰和伤害。

统治者刻意追求圣贤，往往会好大喜功，追求虚名和浮利，而在下位的人常常刻意曲意逢迎，各种虚情假意、矫揉造作无一不出。牛皮吹出来了就要兑现，最终受伤害的必定是老百姓。所以高明的统治者必定不会刻意追求圣贤，也不会给居于下位的人以发挥智巧的机会，而是保持一种虚空的状态，做好基本的事情，追求清静和无为，这样老百姓可以得到百倍的好处。

在社会治理中，往往是社会缺少什么统治者就会大力倡导什么。当一个社会偏离大道，必然导致"失道而后德"，因为缺少德必然导致缺仁，因为缺少仁必然导致缺义，因为缺少义而必然导致缺礼。在这里，缺少道是根本原因，缺少德、仁、义、礼是必然结果。所以想要老百姓恢复仁、义、道、德，倡导父慈子孝、兄友弟恭、夫妻和睦，统治者根本的做法不是大力倡导仁、义、礼、智，而是恢复大道。

老子在《道德经》中进一步分析了这其中的因果链，那就是"失道而后德，失德而后仁，失仁而后义，失义而后礼"，认为"礼者，忠信之薄，而乱之首也"。表面上看起来，家庭内部子女不孝、父母不慈是不仁不义的表现，而以为在社会上大力倡导仁义，老百姓就会恢复礼义，家庭就会恢复孝慈，实则不然。其根本原因在于世间失去了大道，所以说，"绝仁弃义，民复孝慈"。

"绝巧弃利，盗贼无有"。中国自古以来就是一个以农为本的国家。在长达几千年的封建社会里，社会生产力发展缓慢，基本社会关系相对稳定，士、农、工、商的分野长期使社会保持着稳定的阶层格局。

在古代农业社会，工商界处于社会地位的最底层，尤其是商人社会地位低下。这也难怪，为了追求利润最大化，商人大斗进小斗出乃是常态，通过信息的不对称赚取两头的利润，凭借巧舌如簧的说辞糊弄淳朴的老百姓，有时候把某些产品故意抬高价格，扰乱社会市场，严重的还会扰乱社会人心。真正和谐稳定的社会必然摒弃这些投机取巧的行为，抛弃不道义的物质利益追求，倡导社会仁义道德，这样就能够减少大量社会纷争，使老百姓复归于淳朴，社会也归于安定祥和。

关于治国和用兵，老子在《道德经》中明确指出了一条基本原则，那就是"以正治国"，"以奇用兵"。治理国家一定要走大道，走光明正大的大道。战争是你死我活的争斗，战争的对象是敌我双方，因此可以不择手段，奇谋百出以争取胜利，否则国家和民众难以承受失败的后果。而统治者和老百姓的关系不是敌我关系，因此，并不需要用对付敌人的那一套来对待老百姓。满嘴的仁义道德、智巧和伪善是不适合用来治理老百姓的。因此抛弃那些自我标榜的仁义礼智和道德仁慈，实实在在按大道来治国，就会国泰民安、海晏河清。

随着汽车越来越多，交通拥堵成为一个严重的社会现实问题。在一些一线城市，汽车牌照限号、摇号的做法已经推广开来。有些二线城市也即将采取汽车牌照限号、摇号的做法，一度给人以"山雨欲来风满楼"的感觉。老百姓明显感觉到汽车拥堵问题的严重性，但是政府却准备不足。在中国某个城市，为了限制私家车总量，当地部门曾经主动辟谣，信誓旦旦地表示政府绝不会限号和摇号，以避免老百姓突袭式买车上牌。但仅仅只过去了两个多月，当地政府突然推出了对汽车牌照限号、摇号的政策，引起社会的一片哗然。政府个别部门的反复无常严重损害了政府的公信力。这样的政府行为就是智巧，实则是政府不明智的表现。汽车牌照是有形的，而政府的公信力却是无形的，损失孰大孰小，当是一目了然。

纵观古今，治理国家有"道"的层面，也有"术"的层面。老子推行天下大道，所以主张摒弃那些靠智巧、伪善的手段来治理天下百姓的"术"。老子认为，要从根性上解决问题，就必然要使全社会在心灵上有所归宿，那就是统治者要信守大道、遵循大道规律来治理百姓。大道公正而无私，朴素而不奢华，守柔而不逞强，善静而不好动，以道治理天下，天下必然大治。

天下是万民的天下，百姓是天下的百姓。老子对于这些符合天下大道的"百姓心"是尊重的，不仅尊重，而且认可，是为"善者，吾善之"。那对于"不善者"呢？《道德经》第四十九章提出：

> 圣人常无心，以百姓心为心。善者，吾善之；不善者，吾亦善之；德善。

圣人治理天下国家没有自己的主观臆断，总是以百姓的意愿为治理的依据。对于恪守大道的人和不恪守大道的人，圣人都同等对待，这就符合"天道无亲"的规则，这样圣人也就守住了自己的善德。对于相信和不相信大道的人，圣人也都尊重他们的选择和认可他们的存在，这就符合有无相生的规则，这样圣人也就守住了自己的信德。

有些《道德经》的解本对《道德经》句义的解释脱离了上下文、前后文，脱离了时代背景，这样往往会造成读者理解上的偏差。以"善者，吾善之"为例，很多学者把这里的"善"理解为善良，把"善者"称为善良的人，把"吾善之"理解为对于善良的人要善待他们。今天，我们提倡礼尚往来，对善良的人要回报以友善，这是讲得通的，但是以此观念来解读两千多年前老子的"善者，吾善之"的思想，则可能导致理解上的偏差——失之毫厘，谬以千里。

知道了这里所说的"善"的内涵，也就能够理解"不善者，吾亦善之"了。什么是不善者，老子所说的不善者，就是不遵循大道的人。在百姓群体中，不认识大道、不了解大道、不遵循大道的人比比皆是。他们的意见要不要听取？他们的建议要不要采纳？他们的要求要不要满足？要不要以这部分人的心为心？

老子实际上在这里给自己出了一道难题。前面说了"以百姓心为心"，后面又提出"不善者"。"不善者"的心也是心啊，那该如何去对待，怎样去处理呢？老子提出的一个观点叫作"吾亦善之"。什么是"吾亦善之"？老子提出天下万物生于有，有生于无。有无相生也就意味着世界有得道也有失道，有有道也有无道，有上德也有下德，有合道也有离经叛道，一切都是正常的存在，一切符合"万物负阴而抱阳"的大道规则，因此老子认可他们的存在。但他们的心意要不要理解？他们的意见要不要听取？他们的需求要不要满足？结合守静持柔、无为不争的大道规则来理解，答案都包含在"吾亦善之"中了。

如果一定要深究如何做到"吾亦善之"，那就需要和后面的内容结合起来理解。在《道德经》中，老子提出了农业社会中最为理想的治理场景和人民生活图景："虚其心，实其腹，弱其志，强其骨"，"甘其食，美其服，安其居，乐其俗。邻国相望，鸡犬之声相闻，民至老死不相往来"。

知道了什么是善，什么是不善，也就知道了老百姓的心。不管外部的对象、条件、环境如何，我始终坚守自己的大道，与善仁，言善信，这样我就不会偏离大道。对于信守大道的人和不信守大道的人，我都承认并尊重他们的客观存在，这本来就符合"万物负阴而抱阳"的规则，这样我也就求道得道、求信得信了。

"圣人在天下，歙歙焉"。圣人治理下的天下是一副什么样子呢？歙歙的样子。歙歙又是什么样子呢？这个词是理解本段的关键。中国文字在不同的时代其本意、引申义是有所不同的，王弼认为"心无所主"的样子就是歙歙，《道德经》河上公本作"惔"，这个"惔"一言如火烧的样子，一言淡然的意思。结合上文所说的"善者，吾善之；不善者，吾亦善之"和"信者，吾信之；不信者，吾亦信之"，我们能够看出，老子所描述的圣人治理下天下"歙歙焉"的样子就是一种天高云淡的洒脱样。

这样一种洒脱还能够从"百姓皆注其耳目，圣人皆孩之"这句中得到理解。圣人无己，专注其心，使自己和天下浑然一体，使老百姓归于淳朴。圣人把老百姓当孩子一样对待，看着孩子有哭有闹、有嬉有笑、天真无邪的样子，所以表现出"歙歙焉"，使自己也归于淳朴，守静之治，是为无为。

五

知雄守雌的常德玄德

老子认为，治理天下守静持柔符合大道，是为常法。守静持柔就是使政治清明，不肆意妄为，不朝令夕改，不争民施夺。清静无为和肆意妄为有着不同的结果，所以说政治清静无为，则百姓淳朴忠厚；政治严酷苛刻，则百姓狡黠不满，这就是《道德经》第五十八章指出的为政"闷闷"。

> 其政闷闷，其民淳淳；其政察察，其民缺缺。祸兮福之所倚，福兮祸之所伏。

"其政闷闷"。什么是"闷闷"？从字面来理解就是把心放在门里面。把心放在门里面表示放心，表示安静，不受外界打扰。"闷"字不像"忙"字，"忙"是把心放在外边，意味着忙得连心都没有了。"闷"也不像"忘"字，连心都死了称为"忘"。

古人认为在人体的各个器官中，心是最能与神相通的存在。不仅如此，古人还认为心在人体中居核心地位。《黄帝内经》认为，"心者，君主之官。神明出焉。故主明则下安，主不明，则一十二官危"，这就说明了心在脏器中的重要地位。"其政闷闷"，也就是说执政者要守住内心，守住内心就会政治清明，以正治国是为国之福，意味着不折腾、谨守清静。

"其民淳淳"。老百姓之所以淳朴忠厚，主要原因是"其政闷闷"。"其政闷闷"又是统治者依据天道实施无为而治的结果。与"其政闷闷，其民淳淳"相对的是"其政察察，其民缺缺"。一个社会法令严苛，"防民之口，甚于防川"，使得老百姓不敢想、不敢说、不敢做。一句话措辞不当就能被有意或无意地上升到政治的高度，导致"劝大不敬""逾规越矩"等罪名，乃至丢官弃职、身陷罪职，甚至于罪及其族。生活在这样的环境下，老百姓自然是多智巧而少淳朴，多狡黠而少诚实，惶惶然以求自保，最终的结果是社会昏暗而老百姓怨声载道。

关于如何治理天下国家，老子依据大道思想提出了"治人事天，莫若啬"的治国主张。《道德经》第五十九章载：

> 治人事天，莫若啬。夫唯啬，是谓早服。早服谓之重积德，重积德则无不克，无不克则莫知其极，莫知其极，可以有国。有国之母，可以长久。是谓深根固柢，长生久视之道。

这段文字的意思是说治国之要，莫如内敛、守静。治理国家要内敛、守静，所以要早做准备，"为之于未有，治之于未乱"，这就要有深厚德行的积累。积累了深厚的德行，就没有什么不可以应对的。没有什么不可以应对，就意味着其力量无可估量。具备了这无可估量的力量，就可以担负起治理天下国家的重任。掌握了治理天下的根本，依据大道治理天下就可以长治久安。以这样的方式来治理天下才是使国家根基夯实、根深蒂固的长久生存之道。

"治人事天，莫若啬"中的"治人"并非指如何修为自身，而是指如何实施政治统治，因为后面还有一个"事天"。这里的

"治人事天"讲的是国之政治，讲的是如何治理天下国家。在这里，老子提出了一个概念，叫作"啬"。

啬是什么意思呢？啬这个字在甲骨文中就有出现，上面部分取自"来"字，指的是小麦，下半部分取自"回"字，上下结合起来的意思就是把麦子收回家，小麦归仓，后来引申为朝里收，朝内敛。后来啬有了同义之词，为吝，两者合起来称为吝啬。吝啬一词最早出自《易经·说卦》："坤为地，为母，为布，为釜，为吝啬。""治人事天，莫若啬"指国家大事要收敛、内省，不要多动、妄动，这符合持柔、守静的以正治国思想。

以啬来"治人事天"还包含勤俭节约的意思，这是极具现实意义的政治思想。治理国家不需要那么多花花绿绿的招数，祭祀天地神灵重在走心，不需要"服文采，带利剑，厌饮食"，但要做到内心的敬与诚，如孔子所说的"祭如在，祭神如神在"。

以啬来"治人事天"是符合天下大道的，符合天下大道就会不断积累德行，"修之于国，其德乃丰；修之于天下，其德乃普"。德行越积越多，遵道循道带来的力量也就越来越大，力量越来越大，天下大事、小事就没有不能够化解的。这并不是说有一种力量能够直接化解天下所有的大事、小事、难事、易事，而是强调要遵循大道的规律去化解。一方面，"我无为，而民自化；我好静，而民自正；我无事，而民自富；我无欲，而民自朴"，从源头上大大减少了无谓事情的滋生，这样就达到了无为而无不为的目的。另一方面，圣人以"啬"来"治人事天"，并非完全无为，无为只是一个原则和宗旨，必要之事还需有为，有为是以无为为宗旨。人和人之间存在差异，差异往往会带来纷争，纷争往往会带来矛盾，有些不可调和的矛盾甚至可能会升级为诉讼。中国古代一贯崇尚"贵和""持中"，不主张轻易打官司，认为"两争者，必至之势也"，所以息讼就成为处理官司的最佳办法。尧舜之时就是一个无讼的时代。孔子主张"听讼，吾犹人也，必也使无讼乎"，把"无讼""息讼"当作最高政治准则，这就是以"啬"来"治人事天"的圣人之道。

遵循大道来治理天下国家，没有什么事是不能调和处理的。什么样的事都能调和、什么样的事都能处理，就意味着治理能力和水平没有边际。有这样的治理能力和治理水平，不仅能够担负治理国家的重任，还能在列国纷争的时代得以保全。

周朝早期，国家疆土大大拓展，"溥天之下，莫非王土"。周初实行的是分封制，"率土之滨，莫非王臣"，各个诸侯国都有自己的封地，有自己的权利，同时对周天子履行一定的义务。有周一朝礼乐治国，周公旦制订了完备的礼乐制度。礼乐制度是周朝维护其统治秩序的基础，在周朝早期具有重大的政治意义。

西周后期，天子和诸侯失道、失德、失能、失范，各诸侯国彼此纷争，不听从中央政府的号令，周王朝的统治日趋式微。在这样的情况下，大国和小国之间、大国和大国之间、各国和周天子之间的矛盾越来越紧张，国家的生死存亡是摆在各诸侯国面前的头等大事。在这样的背景下，老子主张回归失去已久的大道，推行以道治国，认为道成为治理国家的根本原则就可以使国家长治久安。

老子认为大道是天下万物的根本，国家的存在本身蕴含着天下大道的运行规则。统治者遵守天下大道，持柔守静，以无事取天下，以无为而无不为，使天下的老百姓"甘其食，美其服，安其居，乐其俗"，邻国之间"鸡犬之声相闻"，减少纷争和摩擦，这才是维持一个国家长期存在的根本。

老子的时代距离我们已经有两千五百多年了，西周时期正处在农业文明时代。在农业文明时代，人们生活的场景是农村，发展农业、畜牧业、养殖业能够促进一个国家的经济发展。但是在古代私有制的情况下，"兴，百姓苦；亡，百姓苦"，所以老子的政治理想存在周朝"分封制"的时代局限，追逐的是一种小国寡民的状态，这和今天我们所处的工业文明时代和信息文明时代的情况是完全不一样的。尽管如此，今天的工业文明时代、信息文明时代和农业文明时代所遵循的大道是一致的，那就是天下为公，以百姓心为心，维护和平、和睦、和谐的社会秩序永远是一个国家"深根固柢，长生久视之道"。

"治人事天，莫若啬"的主张和"治大国，若烹小鲜"的道理一致，就是守静持柔，就是知雄守雌。在国家和国家的关系中，秉持知雄守雌之道，则可以实现国与国的和睦相处。如何守静持柔？

在《道德经》第六十一章中，老子提出了"大邦者下流"的主张，指出在国家和国家的交往中，大国谦虚对待小国，就能得到小国的尊重；小国谦卑对待大国，就能得到大国的接纳。

> 大邦者下流，天下之交，天下之牝。牝常以静胜牡，以静为下。故大邦以下小邦，则取小邦；小邦以下大邦，则取大邦。

在大国和小国的交往中，居于积极主动一方的大国保持持柔守静之道，保守自己谦虚的品德，尊重小国的地位和利益，维护小国的尊严，包容和理解小国的难处，必要的时候向小国伸出援手，就能够赢得小国的尊重。

天下大道自有其运动之理、调和之道，在阴阳两者的平衡运动中，天之道犹如张弓引箭，"高者抑之，下者举之"，"有余者损之，不足者补之"。整体来说，天之道具有"损有余而补不足"的特性，所以不管是大国还是小国，越是谦虚，越是低头，越能够赢得别国的尊重。所以有的国家因为谦虚，因而能够让别国心悦诚服地归附，也有的国家因为谦卑低调而得到其他国家的肯定。

在诸侯林立的时代，大国需要保证自己强大的优势，通过团结更多的国家尤其是周边小国以维持和扩充自己的影响。小国则不然，小国的目的在于保持自己的生存，并能受到大国的容纳与尊重。大国和小国都想达到各自的目的，其关键在于大国是否能够保持谦卑低调的姿态。

谦卑低调是大道孕育的万物所具有的内在品格。天地万物有生有灭、有阴有阳、有长有短、有大有小、有动有静，但是所有的矛盾都是相对的。暗夜里的萤火虫发出的光亮特别明显，但相对于烛光来说萤火虫的光亮要逊色不少。暗夜中的烛光是明亮的，但相对于月亮来说烛光又会黯然失色。天空中的明月是明亮的，但相对于太阳来说也会黯然失色。

尺有所短、寸有所长，一切的一切都是相对的，万物都有谦虚的美德，对他人的评价不可太低，对自己的评价不可太高。俗话说，时代的一粒沙压在个人的头上就是一座山。同样一粒沙子，在我们看起来没什么的时候，相对于一只蚂蚁却是一个沉重的负担。所以，于人眼来看事物有大小之分，但从天地来看无所谓大也无所谓小。在我们看来，地球是大的，但从宇宙的视角来看，地球只不过是宇宙中的沧海一粟。

我们对宇宙世界的探索没有穷尽，相比之下，一个人的物质财富、金钱、荣誉和地位又算得了什么呢？在某种程度上来看，一切都是空的，我们称之为"虚空"。面对虚有虚无的世界，我们承认它，称之为"谦"，两者结合起来就是"谦虚"。

"天长地久，天地所以能长且久者，以其不自生，故能长生。"山是大地的重要组成部分。山之所以能成其大，也是因为山的谦下之德——"万物恃之以生而不辞"，"万物归焉，而不为主"，所以说，"以其终不自为大，故能成其大"。

山有三德。山的德性表现在承受之德、谦下之德、刚韧之德。山的承受之德在于其能承载万物，为人类和鸟兽虫蛇提供林木之用、衣食之源、栖身之所。山的谦下之德在于其"形为"的谦下。在"形"的方面，我们所见的山只是其一角，而其巨大的体量隐藏在地下、海里。浙江的普陀山海拔不高、面积不大，但是其基础深入海底，稳如磐石。喜马拉雅山则是以整个青藏高原为基座。相比较而言，我们所见的山只是其真实形体的十分之一、百分之一甚至千分之一。在"为"的方面，山有谦下之德，泰山因为能够重视每一粒细小的土壤，所以成就了它自身的伟岸高大。山有刚韧之德，有言曰"壁立千仞，无欲则刚"。山的刚韧不仅表现在它本身的坚硬不折、宁折不弯，更表现在其刚强正直、无欲无求的本性。这无欲无求的本性就是宇宙之"道"的本性——"生而不有，为而不恃，长而不宰"。

第九章 老子的教化观

清静为正的不见而明

知止不殆的人生追求

不言之教的无为之益

明道若昧的大器晚成

躬身亲为的榜样示范

政教合一是先秦政治的典型特征。所谓的政，指的是政治，是"以正治国，以奇用兵，以无事取天下"。所谓的教，不是宗教的教，而是教化的教。先秦时代的圣贤治理天下有着"政教合一"的要求，按照现在的说法就是德才兼备。才自然指的是治理天下的才能，但先秦时代的社会更加注重德的修养和德在治理天下中的作用。

先秦之人如何修身？夏商周三代文教完善，上至国都，下至闾巷都有完善的教学体系。当时的教学分两个阶段，王公贵族和庶人子弟八岁之后都要进入"小学"学习，所学的内容为"洒扫、应对、进退之节"和"礼乐、射御、书数之文"，后者世称"六艺"。到了十五岁，"天子之元子、众子，以至公、卿、大夫、元士之嫡子，与凡民之俊秀，皆入大学"。在大学里学什么呢？主要学"穷理、正心、修己、治人"之道，教材多为《诗》《书》《礼》《易》《乐》等经典，三年学一经，十五年学五经，至此，所学之人形成完整的世界观、人生观和价值观，因此老子称之为"三十而立"。朱熹指出，夏商周三代教育如此之完备，内容如此之详尽，施教者都是当时能躬身亲为之人，所以当世之时，教化盛行，"治隆于上，俗美于下"，非后世可及。教化思想为老子所汲取并发展。

一

躬身亲为的榜样示范

古代圣贤治理天下首要的是榜样示范，这集中表现在国家的最高统治者能够遵道行道，为天下所认同。现在有足够的证据表明，三皇五帝时代的最高权威不是武力，而是道德。黄帝之有天下，从小"习用干戈，以征不享"，其后"修德振兵，治五气，艺五种，抚万民，度四方"。黄帝崩，传位给他的孙子高阳，是为颛顼。颛顼"疏通而知事，养材以任地，载时以象天，依鬼神以制义，治气以教化"。高阳传位给高辛，是为帝喾。帝喾"聪以知远，明以察微。顺天之义，知民之急。仁而威，惠而信，修身而天下服"。帝喾之后为帝尧，《史记》称"其仁如天，其知如神。就之如日，望之如云。富而不骄，贵而不舒"，论到帝尧功绩的时候，称其"能明驯德，以亲九族。九族既睦，便章百姓。百姓昭明，合和万国"。

以上王位的传承，所依据的不是直系血缘内的关系亲疏，更多的是基于血亲关系内的道德标准。黄帝传位于孙高阳，是为颛顼。高阳传位给他伯伯的儿子高辛，是为帝喾。帝喾本来想传位给他儿子挚立，但是"挚立不善"，因而传位给叔叔高阳的儿子放勋，就是帝尧。

先秦时代，三皇五帝取得王位主要依靠自身的德行，那么对官员的任用依据什么呢？从《尚书》的描述来看，对官员的选拔和任用首先考虑的是德行。

《尚书·尧典》描绘了一场官员推荐会的生动图景。帝尧让群臣讨论"筹咨若时登庸"问题，请大家推荐一位善于治理四时的官员。放齐首先发言，他推荐了帝尧的儿子丹朱，说"胤子朱启明"。帝尧的意见是什么呢？知子莫若父，帝尧知道自己儿子德行方面的不足，评价他的儿子丹朱"嚚讼"。嚚是指说话嚣张、狂妄、虚妄，讼指的是争强好辩。帝尧说，丹朱自傲自大、自矜不谦，好和人争辩，这样的人行吗？是为"嚚讼可乎"。

在推荐处理政务、治理洪水的官员时，众人推荐了共工和鲧，但是帝尧在道德层面上予以否定，称共工"静言庸违，象恭滔天"，花言巧语、阳奉阴违，貌似恭敬实则气焰很高，称鲧违背人意，不服从命令，危害族人。

在帝尧时代，官员肩负教化百姓的职责，所以群臣推荐选拔官员的时候，首要考虑的是德行。帝尧"克明俊德"，能够做到"钦、明、文、思、安安，允恭克让"，所以"光被四表，格于上下"，"九族既睦，平章百姓。百姓昭明，协和万邦"。

帝尧的这一治理理念为舜所传承，也为老子所明鉴，是老子"以身观身，以家观家，以乡观乡，以国观国，以天下观天下"观点的重要来源，更是儒家所倡导的明明德、新民、止于至善的三纲和格物、致知、诚意、正心、修身、齐家、治国、平天下的大学之道的理论源头。

老子是先秦时期遵道循德的圣贤之治的忠实拥趸者。圣贤之治包含着深刻的教化思想，教化思想在于不离大道，这在《道德经》第三十九章中有深刻的阐述。

昔之得一者：天得一以清；地得一以宁；神得一以灵；谷得一以盈；侯王得一以为天下贞。其致之。天无以清将恐裂，地无以宁将恐发，神无以灵将恐歇，谷无以盈将恐竭，万物无以生将恐灭，侯王无以贵高将恐蹶。故贵以贱为本，高以下为基。是以侯王自谓孤、寡、不谷。此非以贱为本邪？非乎？故致数舆无舆。不欲琭琭如玉，珞珞如石。

要想理解这段文字，首先要理解这段文字开头的六个"一"。"一"指的就是大道。大道蕴含在受造物中，天因为大道得以清明，地因为大道得以安宁，神因为大道得以灵验，山谷因为大道得以生机勃勃，侯王因为大道得以天下大治。

大道化生万物，天下万物离不开大道，这是一条亘古不变的真理。如果再深入探究，就可以得到这样的结论：天如果离开了大道就不会清晰明朗，不清晰的天就有崩裂之危。地如果离开了大道就不会安宁，不安宁的大地就会有振溃之险。神如果离开了大道就不能保持灵性，不能保持灵性就会消失。河谷如果离开了大道就不能保持充盈，不能保持其充盈就会干涸。万物离不开大道，离开大道的万物就不能生长，不能生长的万物只有灭亡。侯王等统治者不能离开大道，离开天下大道实施统治终将覆灭。

天下万物，有无相生，难易相成，都是阴阳的合体、辩证的统一。在事物辩证的矛盾运动中，老子倡导守静持柔、无为不争，认为这些就是矛盾双方的基础和根本。就贵贱双方来说，贵以贱为本；就高下双方来说，高以下为本；就强弱双方来说，强以弱为本。天下事物生于有，有生于无，所以就有与无来说，有以无为本。

侯王等统治者为什么在称呼自己的时候用"孤""寡""不谷"这些谦词呢？古人有"鳏寡孤独"之说，泛指没有劳动能力又没有亲属供养、无依无靠的人。《礼记》称"少而无父者谓之孤，老而无子者谓之独，老而无妻者谓之鳏，老而无夫者谓之寡"。水稻未灌浆不会有稻米产生，称为"不谷"，对人来说表示没有子女后嗣。侯王常常是妻妾成群，除了极个别特殊的情况，哪会没有子女后嗣呢？所以侯王用的是"不谷"的引申意，指人没有德行。

侯王等统治者在称呼自己的时候用谦词就是因为懂得谦下以符合大道。如果背离大道，侯王等统治者难免骄奢淫逸，好大喜功，贪名图利，是为"以喜其为名者，必以骄奢为行。据慢骄奢，则凶中之"。所以《易传》认为"是故无其实而喜其名者削，无德而望其福者约，无功而受其禄者辱"。

统治者以谦词自称是践行"以贱为本，以下为基"的具体举措。桃李不言，下自成蹊，最高的荣誉无须赞美，最高的德行无须称道，所以遵循大道的人是"披褐怀玉"而行。

"不欲琭琭如玉，珞珞如石"。如果在原石和雕琢后的玉石之间作选择的话，常人都喜欢后者。经过雕琢打磨的玉质地明晰、润泽光亮。古人还赋予玉以仁、义、礼、智、信五德：润泽以温是谓仁，廉而不刿是谓义，垂而坠不飞扬是谓礼，缜密坚实是谓智，质地明晰是谓信。遵循大道的君子常常玉不离身，守身如玉，以玉自谕。而君子和圣人之间有很大的差别。君子好玉，以玉自喻。圣人恰好相反，不愿意做琭琭之玉，而愿意做珞珞之石。这是因为珞珞之石没有经过雕琢打磨，也就没有失去质朴的本性。圣人之行，怀素抱朴，少私寡欲，绝学无忧，这和遵循大道的君子是有所不同的，这才是真正的"得一者"。

三皇五帝的时代，王侯推崇以德治国，从上到下树立了良好的榜样，"不尚贤，使民不争。不贵难得之货，使民不为盗。不见可欲，使民心不乱"，所以天下大治。到了周朝后期，礼崩乐坏，道德不再，社会上盛行争强好胜之风，推崇才能高于推崇德行，推崇实力高于推崇道德，君不君则臣不臣，父不父则子不子，民间则称之为"上梁不正下梁歪，中梁不正倒下来"，天下大乱的原因也就在此了。

二

明道若昧的大器晚成

教化百姓是先秦政治的重要内容，那么如何教化百姓，从而"使民不争""使民不为盗""使民心不乱"呢？归根结底还是要遵循大道规则行事。遵循大道规则行事，除了"以身观身"外，还得明白并在社会上推行修道、悟道和明道。

对大道的理解和把握，每个人的情况是不一样的，有的人是"生而知之"，有的人是"学而知之"，有的人是"困而知之"。也就是说，有的人慧根很深，一点就通、一见就明，有的人甚至是无师自通，是为"生而知之"。有的人认识天道和天道规律是通过学习得来的，是通过了解、感悟、理解和归纳总结而来，这是"学而知之"的情况。什么是"困而知之"？就是当一个人遇到了难以克服的困难、遇到了难以翻越的障碍、遇到了难以走出的困境，在追求思想解放、解脱的过程中，在追求问题得以解决的过程中领悟到了大道智慧，从而知道、行道、修道，这种情况就是"困而知之"。

同样，一个人在认识和接受、理解大道的过程中，在不同阶段有着不同程度的认识水平，可以分为下士阶段的认知、中士阶段的认知和上士阶段的认知。在特定时代，如果把不同人对大道的认识和理解进行分级分类的话，也有着上、中、下之分。老子在《道德经》第四十一章中指出了不同的人对大道的不同理解和认识。

> 上士闻道，勤而行之；中士闻道，若存若亡；下士闻道，大笑之，不笑不足以为道。故建言有之：明道若昧，进道若退，夷道若纇。上德若谷，大白若辱，广德若不足，建德若偷，质真若渝。大方无隅，大器晚成，大音希声，大象无形。

三皇五帝时期的"士"和老子在这里所说的"士"，内涵已经不一样了。帝舜时期的"士"是一种官职，类似于今天负责公检法的中央官员。《尚书·舜典》中帝舜任命皋陶任"士"，帝舜对皋陶说"汝作士，五刑有服，五服三就。五流有宅，五宅三居。惟明克允"。帝舜让皋陶担任"士"这个职务，并向他提出了五种刑罚的使用方法，以及明察案情和公正司法的要求。

这里的上、中、下是虚指，可以指一个人遵道修道的三个阶段，也可以指代同一时期不同人对大道的不同态度。上士了解大道后会努力践行，中士了解大道后且信且疑，下士听说大道以后付之一笑。大道不被世人嘲笑的话就不是大道了，所以这段话可以作如下理解：

一个人越是把握了大道，其行为越是显得隐晦而不清晰；一个人对大道越是有所长进和领悟，其行为越是显得有所退步；一个人越是遵循大道，他就越像是行走在蜿蜒崎岖且高低不平的小径上，总是表现出一副战战兢兢、小心翼翼的样子。上好的德行虚怀若谷；广大的德行好像有所欠缺，德行的形成不容易察觉。质朴纯真的大道看起来是千变万化、变动不居；高洁的大道有时候看起来含诟不堪。大道之大，大而无边；大道之朴，无以成器；大道之希，不可闻听；大道之象，没有形状；大道之隐，无可名状。只有大道才是成就天下万物的主宰。

在先秦时代，社会有庶民、士人之分。民是最底层的人，所谓民，从字形来看像是一个被戳瞎了眼睛的人，是在部落冲突或者战争中被抓过来的敌方俘虏，在奴隶社会，他们代表奴隶。庶民之上为士人，老子按照士人和大道的关系把士人分成上、中、下三个层次。

在老子看来，上士是具有上等智慧的士人，下士是具有下等智慧的士人，中士就是具有中等智慧的士人，他们具有不同层级的智慧，对大道的理解和态度是不一样的，其结果也是不一样的。大道之于不同的士人，如种子之于不同的土壤。

芥菜种子落在不同的地方会有不同的结果。芥菜种子落到耕耘好的土壤里，会慢慢生根、发芽、开花、结果。芥菜种子落在泥地里，虽也能生根、发芽、长叶，但一阵风吹来，一阵雨淋过来，芥菜种子的根可能马上就从泥地里被冲了出来。芥菜种子落在坚硬的地面上，地面太硬，扎不下去，最终种子干瘪。对于同样的芥菜种子，不同地面的接纳能力不一样，最终结果也不一样。大道之于不同的人与芥菜种子之于不同的土壤是同样的道理。

具有上等智慧的士人认识到大道以后会牢牢把握住大道，努力在修身、齐家、治国的实践中践行大道。这样的人好比一片有待耕耘的土地，而大道好比是芥菜种子，当它一进入这片耕耘好的土地上，马上就能被土地所接纳，最终生根、发芽、开花、结果。

具有中等智慧的士人接触到大道以后，对大道的态度是半信半疑，若有若无，就像芥菜的种子进入泥地里后，随着泥地干燥，芥菜的根也长不深、芽也长不壮，最后一阵风吹过来，或者一阵雨水淋过来就把芥菜的种子冲走了。当有什么考验或者利益冲突到来的时候，一些具有中等智慧的士人便不愿坚守大道。中等士人身处顺境能够接纳大道，遇到逆境的时候可能会抛弃大道，表明大道在具有中等智慧的士人这里是若存若亡的。

具有下等智慧的士人根本不相信大道。大道之于人是视而不见，听之不闻，搏之不得，而各种实实在在的物质利益却是如影随形。在具有下等智慧的士人世界中，根本没有大道的存在，或者说与他们谈论大道就像是开一种玩笑，他们听到别人在谈论大道就感觉到好笑。

大道被嘲笑是很正常的。老子曾经说过"知我者希，则我者贵"，因为老子说的是大道，倡导的也是大道，大道又不轻易为人所知，天下人又不能信守大道。因为天下人不知道大道，也不了解大道，所以听到大道后也只能是呵呵一笑了之，或者大声嘲笑这些讲大道的人。不被嘲笑的大道不足以成其道。

关于大道的修炼，古人曾经这样描述过，"明道若昧，进道若退，夷道若纇"。由于古今词义的区别，后人对这三句话常有不同的理解。如果把"明"作为动词用的话，"明道"就是指学习、理解、把握大道，"明道若昧"就是学习把握大道却看不清。如果把"明"作为形容词用的话，"明道"就是指明明白白的大道，"明道若昧"就是明明白白的大道却是暗昧不清的。对"进道若退"的理解也是一样，把"进"当作动词用的话，这句话可理解为大道的前进好像后退一样。把"进"当作形容词用的话，这句话可以理解为前进的大道如同后退的样子。夷是平坦的意思，纇是蜿蜒崎岖。"夷道若纇"就是平坦的大道如同蜿蜒崎岖、高低不平的小路。

这三句话掷地有声，道出了大道的辩证法则，也道出了大道在"充气以为和"中的守静持柔。明、进、夷倾向于阳刚，昧、退、纇倾向于阴柔。老子一贯主张的是以牝胜牡、以下为上。结合上下文，补充一个主语，就可以对这个排比句有如下完整的理解：

大道之大，其大无外；大道之小，其小无内。遵循大道是为德，完全遵守大道其德乃大，犹如山谷之幽深、旷远、虚空。大道是辩证而高洁的，但有时候看起来却含诟不堪。看看历史上的屈原、岳飞、文天祥等人，在当时为当权者所不容，身后却留下高洁的品格光耀世人，为万代所敬仰，这便是"大白若辱"的典型。

合道的德行具有广大的特性。什么是德行的广大？"大方无隅，大器晚成，大音希声，大象无形"所描述的就是德行的广大。德行虽然广大，但是看起来好像有所不足。德行不是完美的，也不会完美，美中不足是一种常态，是一种别样的美。期待一样事物十分完美是不可能的，世界上没有绝对完美，只有相对完美。另外由于世人对难得之货的贪念和欲求，难得之货往往难以保全，所谓"美人自古如名将，不许人间见白头"就是这个道理。

大道之行也为德，德的积累不是一朝一夕，更不能一蹴而就，而是一个长期积累的过程，且是一个"随风潜入夜，润物细无声"的过程，"潜"和"无声"，表示偷偷地、不为人知，此之谓"建德若偷"。

质朴无华而纯真的大道看起来是千变万化、变动不居的样子，其实，所谓万变不离其宗，变化的只是表象，不变的是本质。如水，有固态、液态、气态，有水珠样，有杯口形，有溪流急，有河湖缓，有波涛涌，有大海潮，有汪洋静，更有云卷云舒、骤雨飞瀑，但是水就是水，其形百态，其质不变，是为水的"质真若渝"。

大道是大的，大道之大是大而无形，无所不有，无所不在，无所不能。因其大之极，称之为大而无外。因其大，人看不到其边界，触摸不到其起始。这也难怪，大道之大，人居其中如井蛙之于大海、夏虫之于春秋，岂能触摸到大道的棱角？此之谓"大方无隅"。

"大器晚成"，世人对它有着相对一致的意见，常指一个人经过勤奋努力或者千锤百炼终有所成。也有人认为"大器晚成"是指一样好的东西必须经过精雕细刻才能最终完工，比喻做事情需要一种工匠精神。但是，如果和老子所说的天下大道结合起来，这两种解释无论如何都是说不通的。

老子认为的天下大道是本原、本体、本性的三位一体。古人提出，形而上者谓之道，形而下者谓之器。所谓的器，是天下大道所化生的万物之本体。很多学者认为"大器晚成"是"大器免成"之异化，古人还有"君子不器"之说，也就是君子之为人如水随流，不会有一个固定的程式，更不会把自己拘泥于某一个固定方面。大道化生万物，万物不会是很完美的，因此古人提出了"君子不器"之说。

三

不言之教的无为之益

古人教化百姓，常使用两方面的举措：一方面是以身示范，通过躬身亲为的方式影响百姓；另一方面是直接教化百姓。两方面的结合，相得益彰。圣人仿效天地治理天下百姓，总的根本大法不变，那就是"天之道，利而不害。圣人之道，为而不争"。

中国古代官员历来有两大基本职责，一是治理，一是教化。这在《道德经》第二章和第四十三章先后提到过，是为"圣人处无为之事，行不言之教""不言之教，无为之益，天下希及之"。大音希声，所以行不言之教；无为而无不为，所以知无为的妙用。只可惜的是，天下知道这个道理的人不多，能做到这一点的人更少。

在老子的教化观中，老子特别推崇不言之教、无为之益，因此没有过多地阐释如何教化百姓。不过，《道德经》还是蕴藏了丰富的教化智慧，可为我们所借鉴。我们能够从两个层面感受到老子深邃的教化思想。

第一个层面还是对大道的认识，相当于阐释大道的基本原理，我们可以继续在对大道基本认识中来领会老子的教化观。第二个层面是以比喻的形式来谈论教化观，我们在《道德经》中能找到大量的相关论述，其中最被老子所认可的是"上善若水"。所以，我们从以上两个层面进一步谈谈老子教化观中的不言之教、无为之益。

老子常用不同的字词来指代大道，"大"是使用较多的一个字。老子在《道德经》第四十一章谈及大道的表现特征的时候，用得最多的是"大"字，以"大"指代大道、道。

　　大白若辱……大方无隅，大器晚成，大音希声，大象无形。道隐无名。

如果天下大道有声音的话，这个声音就是大的，大到你根本听不到。既然大到听不到，那就是"复归于无极"，听不到是"希"，最接近于"无"，但又不是无，不能说没有，表现出来就是静。所以圣人往往是"为无为之事，行不言之教"。

"道可道，非常道"，大道是可以说的，但说出来又不是大道本来的样子。这也难怪，大道本来就是本原、本体和本性的三位一体，我们不能用言语、图表或者文字同时表达三位一体的东西。古人能够画出一个卦象，然后用文字来表达其中的内涵，如对天、地、雷、风、水、火、山、泽用卦象来表达，用言语来说明。但无论怎样说明和画卦，都不能完全表达出这些物象的本体、本原和本性，此所谓"大象无形"。

大道是静而不喧、隐而不显，无物之物、无状之状、无名之名，不可言说。老子提出"名可名，非常名"，又提出"有物混成，先天地生，寂兮寥兮，独立不改，周行而不殆，可以为天下母。吾不知其名，字之曰道"。这些表述就是"道隐无名"的最佳阐释。

大道虽是"若谷""若辱""若不足"，虽是"无隅""晚成""希声""无形""无名"，但是大道化生万物，化生万物之后是为"德畜之，物形之，势成之"，是为"善贷且成"，这就是天下大道。

天下大道随处可见，大如日月星、天地人万物莫不是大道化生而来。既然大道有守静持柔的特性，那就从最接近大道的水来加深对大道的认识，以及对大道不言之教的理解。《道德经》第四十三章中提出，天下最柔弱的东西，能够驾驭天下最坚强的东西：

　　　　天下之至柔，驰骋天下之至坚。无有入无间，吾是以知无为之有益。不言之教，无为之益，天下希及之。

老子提出了柔能够胜刚、无能够驭有的观点，从而进一步指出他是依据这个原理知道了无为的益处。无言具有极大的教益，无为具有莫大的好处，天下明白这个道理的人不多，能够做到这一点的人更少，道德的教化也是如此。

在这个世界上什么是"至坚"的？在一定程度上说，这个世界上最坚硬的莫过于人心了。从教化的角度来看，教化百姓根本在于人心，而人心又是最难以动摇的。那靠什么来改变人心呢？古人先贤认为，只有遵循道德才能改变人心。

《虞书·大禹谟》记载了大禹征服三苗的历史。在帝舜确立了大禹为王位的继承人之后，帝舜命令大禹征讨"昏迷不恭，侮慢自贤，反道败德"的三苗。经过一个月时间的征伐，三苗还是没有服从。大臣益就向大禹建议用道德的力量使三苗服从，第一次提出"满招损，谦受益，时乃天道"的观点。

大禹听从了益的建议，马上"班师振旅"，"诞敷文德，舞干羽于两阶"。经过这一番操作，最终"七旬有苗格"，七十多天后，三苗就归顺了，不得不说这就是德化的力量、文治的功绩。

回到前面的问题，天底下最强最坚的是什么？是人心。如何化解人心之坚？老子认为还是要靠最柔弱的东西。天底下最柔弱的东西是什么？那就是道德。但如果普通人还是不能理解道德这个抽象的东西，一定要把这最柔弱的东西定义为一种物质的话，我相信没有比水更接近这个答案了。所以《道德经》多处提到水，实际上就是在用水作为教化的资源，使百姓深刻认识了最接近道的水，也就达到了教化百姓的效果。

水性至柔，世界上最为柔弱的是水，你用什么样的器皿装水，水就会把自己塑造成什么样的形状。你把水放在碗里就是碗的样子，你把水放在杯里就是杯的形状。你把水泼在地上、灌溉禾苗、清扫道路都可以，水完全按人的意愿行事，毫无自身的选择和个体的要求。

水性至柔，柔弱得没有自己的形体。从亘古开始，水就因势变形，流变至今。遇到峡谷，水化身飞瀑直下；遇到礁石，水化身浪花飞溅；遇到浅滩，水化身清泓一汪；遇到平原，水化身练带似舞；遇到天空，水化身白云朵朵；遇到高山，水化身雾气腾腾；遇到初春，水化身小雨如酥；遇到仲夏，水化身大雨如注；遇到深秋，水化身阴雨连连；遇到隆冬，水化成雪花飘飘。

水有谦下之德，这也是水性至柔的一种表现。在这个地球上，构成生命的主要物质是水，没有水就没有生命。高尚者最卑微，水从来不会显示自己的高尚，总是以谦卑示人。水不要求有什么回报，更不和人争夺什么，水拥有着和大道一样“独立不改，周行而不殆”的特性。

水最接近于大道无为不争的德行，但力量却最为强大，强大到在世界上没有对手。首先，水的生命力是最顽强的，亘古至今，沧海桑田，斗转星移，水的特性从来就没有变化过。其次，和世界上一切坚硬的物质相比，在水的流变中，山川可以变化、退去，所以古人就有水滴石穿之说。水性至柔，柔能克刚。水能克刚在于水所具有的坚韧性，一年不行十年，十年不行百年，百年不行万年，总有一天水滴石穿。

北京故宫保和殿后的三重台阶的最下层有一块我国现存最大的石雕，是为“云龙石雕”。由一整块石头雕刻而成的“云龙石雕”重达二百五十多吨，这块石雕的原石是从离紫禁城五十多公里远的房山石窝村运输过来的。在没有现代机械设备的时代，这样一大块原石是怎样运过来的呢？古代中国人利用北方冬季水结冰的特性，先每隔一里地就挖一口井，从井里打水泼洒在地上铺成冰道，再雇佣万名民工用拉旱船的办法把石料通过冰道运到紫禁城，这就充分体现了水性至刚的道理。

水性至刚至强的道理由上可见一斑。一国一地因水而兴、因水而衰的事例也屡见不鲜，带给世界生命和生机的是水，给世界带来灾难和毁灭的也可以是水。

女人如水，指的是女人所具有的如水德行。一是柔性似水，女性的阴柔契合了男性的阳刚，"窈窕淑女，君子好逑"。女人如水还指女性具有如水的坚韧性。自从出嫁从夫之后，女性就脱离了父母的怀抱，几十年如一日地在柴米油盐的生活中，在相夫教子、孝敬公婆和操持家务的工作中尽其一生。没有女人在家庭中的坚韧就没有一个完好的家庭，没有女人在教育方面的坚韧就没有子女良好的习性修养和学业上的成功，没有女人在家庭中的担当隐忍就不会有家庭的团结和睦。

一滴水是渺小的，也很容易消失。把一滴水放在杯子里，杯子很快就会变空。把一滴水放在地上，水很快就会渗透到地里。把一滴水放在阳光下，水很快就会蒸发。一滴水的生命是短暂的、价值是有限的，如同曹操感叹的"譬如朝露，去日苦多"。

一滴水如何做到生命永存、万古长青？答案只有一个，融入江河湖海中。一个人如何才能有价值？答案也只有一个，只有融入人民群众中才能实现自身的价值。江河湖海之于一滴水，如同人民群众之于一个人。一滴水是渺小的，力量有限。一个人也是渺小的，能力有限。当一滴滴的水汇集成江河湖海，其能量是不可估量的。江河湖海可以托起万吨货船，可以卷起滔天巨浪，可以泽被万物，可以化育天下。当一个个的个体团结成一个群体、一个民族、一个社会、一个国家，这个国家所集聚起来的能量可以移山填海，可以改朝换代，可以使"高峡出平湖""天堑变通途"，可以"敢教日月换新天"。

"流水不腐，户枢不蠹"。水性，就是流动性。世界上的万事万物都有一定的流动特性。流动就是运动，流动生发，流动产生机会，流动促进成功。

鲶鱼效应就是动的应用。为了降低长途运输中沙丁鱼的死亡率，渔民会在水箱中放进一两条性格凶猛的鲶鱼。在鲶鱼追逐的压力下，沙丁鱼在长途运输中一直保持着游动状态，这种办法大大提升了沙丁鱼的存活率。

铁打的营盘流水的兵，军队旺盛的战斗力来自每年不断流进军营的新鲜血液。一个组织机构里，人员需要流动。长时间的鱼不动、水不流的状态很容易使人觉得安逸，长时间的安逸很容易使人精神萎靡不振，在一个竞争的环境中人才会有"生于忧患，死于安乐"的忧患意识。

人的成长具有流动性。"读万卷书、行万里路"，从小学、初中、高中、大学、社会一路走来，人在不同阶段接触到了不同的人、事、物、情、景、理，人的流动性丰富了人的生活，开阔了人的视野，增长了人的见识，提升了人的内涵。

水性至柔，柔能克刚，给我们诸多启示。刚刚出生的婴儿骨弱筋柔，坐不起，站不稳，是家庭中最柔弱的，但是婴儿一个小小的举动就能够牵动全家人的目光。除了吃睡之外，婴儿没有其他方面的欲求，但是大人们会自动为他生命所需要的一切做充分的准备。不管地位多高、能力多强，身为婴儿的父亲总会被婴儿的柔弱所折服，被婴儿的举动所吸引，甚至于忘记了自己的存在，这是不是一种形式的柔弱胜刚强？这是不是一种形式的"天下之至柔，驰骋天下之至坚"？

此外，土也具有柔弱之德。中国文化源自黄河流经的中原地区，中原地区的黄土地滋生了万物，养育了古代先民，奠定了中国古代文化。中原土为黄色，所以传统文化中以黄色代表土，在方位上以土为中，所谓"东方木、南方火、西方金、北方水、中央土"。

土代表大地，具有奉献之德。土德代表着厚德载物、生生不息。在四季轮回中，土生育了万物，使得万物在其身上生长，任由人去收获、动物去享用。土承载了三山五岳、山川河流、林木植被，和太阳一样只知道奉献，从不索取回报，这就是土的最大德行。

土可以分解成微粒，随意飘荡在空中。土可以成为泥，为各种植物提供养分。土也可以堆积成名山大川、高原山地，成为世界上最壮美的景色。土具有极强的可塑性，可以被塑造成不同的形状，通过加工可以生产出不同质地的器物，如陶、瓷、砖、瓦、缶。

水性柔弱，能够攻坚克难而无不利；土也有柔弱之德，可以被做成各种有用的器皿。最柔弱的东西，却能够穿透一切、作用万物，对万物利而不害，由此可知无为的妙用。

如何修身，如何教化百姓？看到了这里，我想大家也就知道了一些答案，也就能够理解老子的"不言之教，无为之益"了。

四

知止不殆的人生追求

先秦时期，教化百姓在社会治理中占有特别重要的地位。

纵观《尚书》关于社会治理的表述不难看出，老子所崇尚的三皇五帝大体遵循着明德、明理、定事、定人，然后施行教化这一路径。

实施教化时要懂得遵循天道，每年以历法为指导带领百姓"播时百谷"以发展生产，每年的"月正元日"到祖庙去告祭太祖，谋划政事，打开明堂四门宣布政教，使老百姓听得清楚明白，这是常规的教化之举。《尚书·舜典》还记载了帝舜任命夔为"典乐"，主持文教，教导年轻人为人品德。同时，各级官员都兼具教化百姓之职责。总的来说，先秦时期对民众的教化主要在思想建设层面。

钱穆在《历史与文化论丛》中指出了人和人之间的不同，在于人有不同层级的生活。钱穆在总结了中国文化、历史的特点和规律的基础上指出，人有物质生活、精神生活和灵魂生活三个层面的生活。其中，物质生活是精神生活的基础，物质生活和精神生活共同构成了灵魂生活的基础，而精神生活超越物质生活，灵魂生活超越物质生活和精神生活。钱穆指出，人的物质生活、精神生活和灵魂生活分别对应了人的物质人生、精神人生和信仰人生。在此基础上，钱穆提出了历史人生的概念。

钱穆的历史人生说是基于中华五千多年的文明史的总结，具有相当的科学性、可信性，也具有一定的现实指导意义。其实，先秦时期的人们在物质生活上大不如今天的我们，但是其精神之丰富、信仰之虔诚是值得今天的人们学习的。随着周朝的衰落，各种道德伦理也在一些群体身上逐渐衰减。所以到了老子时代，老子特别倡导教化，在"名与身""身与货""得与亡"的论述中给人以深刻的教益。

人生活在世界上，有基本的物质生活和精神生活，也有高尚的灵魂生活。身体、名声、金钱、荣誉和地位都是人所追求的。天下不如意事，十常八九。为什么有些人甚至为了追求这些东西而身败名裂、不得善果呢？这就不得不谈到人的价值观。《道德经》第四十四章对这类现象做了明确的剖析。

名与身孰亲？身与货孰多？得与亡孰病？是故甚爱必大费，多藏必厚亡。知足不辱，知止不殆，可以长久。

身体和声名都是人所关心的，对一个人来说哪一样更重要？健康和财货都是人所关心的，对一个人来说哪一样更宝贵？得到名声和财富与为此而失去健康甚至生命哪一样有害？对声名和地位的过分追求，必然导致他们要为之付出重大代价；对物质和金钱的过分追求，必然会使之遭受重大损失。只有知足才不至于带来屈辱，只有适可而止才不至于遭遇危险，这样才能保持久远。

作者在求学期间有一个摘抄名言警句的习惯，在一本日记本的扉页曾抄写过某杂志中的一句话：当你对金钱、荣誉和地位不再感兴趣的时候，你就到达了成功的顶峰。年少不知其中味，读懂已是中年时。中学时抄写在日记本上的这样一句话，一直到了中年，当命运发生了深刻的转折之后才对其有了深刻的理解，深刻理解了一个人的精力是有限的，但是欲求是无限的，人应该知止，更深刻理解了人生的价值不在于你拥有什么，拥有多少，而在于你生活在哪一个层级、你能为这个世界带来什么。

一个人的精力是有限的，能力是有限的，需求是有限的，但是一个人的欲求往往是无限的。一个人有需求是正常的，按照需求层次理论，人有生存的需要、安全的需要，这是维持其生命存续的基本需求，这是任何生命体都具有的趋利避害的本能要求。一个人不仅有生理的需要、安全的需要，同时还有社交的需要、尊重的需要和自我价值实现的需要。

有需要是正常的，因为"长嘴的要吃，长根的要肥"，这是亘古不变的自然道理。但如果需要超出了必要，对需要的追求超出了自身的能力，超出了必要的限度，一切以满足自己身心之愉悦、情感之需要而不能自我遏制，则需求变成了欲求。人正常的消费是需要的，但是超出了正常消费的能力、正常消费的限度，一切都提倡超前消费、享乐消费，为消费而消费，为攀比而消费，用一切手段来满足和实现消费，实际上就落入了消费主义的窠臼。

金钱是物质的，对金钱的追求代表着人的生活需求；荣誉和地位是心理的，对它们的追求代表着人的精神需求。实际上每一个生命体来到世界上，都在努力寻找确定性。人在世界上所追逐的一切不外乎两个方面，首先是满足自己生存的需要，其次是满足自己心理的需要。生存属于物质层面，心理属于精神层面。两者有先有后，有所区别，但相互联系，是人之为人的密不可分的一体两面。

人追求物质层面的东西，本质上是在寻找人在大自然中的确定性，尽管这一行为是在社会上完成的，但所追求的物质方面的东西无一不是来自大自然。人所追求精神层面的东西如荣誉、地位、权力、个人价值、社会影响力等，本质上是人在寻找在社会中的确定性。物质层面的追求是精神层面追求的基础，精神层面的追求是物质层面追求的延伸和强化。只要存在群体意义上的人，物质层面和精神层面的追求就会永远存在，而且相互交织。

以上所述，是常态社会常人之心理。在实际社会生活中，还有两种不同于以上所述的精神追求，那就是宗教信仰和大道信仰。宗教信仰和大道信仰有共通的地方。宗教信仰和大道信仰都追求人的终极意义，并以此指导自己的人生，从本质上来说这也是一种对确定性的追求。

浙江桐乡学者丰子恺曾说过，人有物质生活、精神生活和灵魂生活等三个层面的生活，宗教信仰和大道信仰都属于灵魂生活。灵魂生活人人皆有，只不过有些人他自己还不知道，还没有觉悟，没有开化，我们称之为"无信仰之人"。物质生活、精神生活和灵魂生活本来是三位一体、密不可分，不管是物质生活、精神生活还是灵魂生活，都统一于个体活生生的生命里。

一个人不管处在生命的哪一时段，都应该为物质生活、精神生活和灵魂生活留一点空间。总体来说，常人在追求三种生活时，会经历一个认知过程。青少年时期，侧重于为物质生活而打拼奋斗；中年时期侧重于精神生活的提升和修养；中老年阶段，侧重于追求灵魂生活。

《尚书·洪范》提出了"五福六极"说，认为寿、福、康宁、攸好德、考终命是人之为人的五种福分，认为凶短折、疾、忧、贫、恶、弱是人所不愿遇到和接受的六种凶恶之事。人有趋利避害的本能，远离六凶、亲近五福也是人生的追求，是幸福生活的体现，是生命有质量的反映。所以说，对生命的真谛、生命的品质、生命的价值的认知也是教化百姓的重要方面。《道德经》第五十章提出了"出生入死"说。

出生入死。生之徒，十有三；死之徒，十有三；人之生，动之死地，亦十有三。夫何故？以其生生之厚。

老子所说的"出生入死"指的是什么？一般而言，来到这个世界上为生，离开这个世界为死。在这个过程中，"生之徒，十有三；死之徒，十有三；人之生，动之死地，亦十有三"，就是说世界上长寿的人有十分之三，短寿的人有十分之三，本来长寿的人但是却把自己置于危险的境地而导致短寿的人也有十分之三，这就不得不提醒人们注意生命的品质。生命的品质和生活的品质密切相关，生活的品质会影响生命的品质，很多人就是因为生命的品质不好，所以就成为"死之徒，十有三；人之生，动之死地，亦十有三"中的一分子。那么生活的品质是如何影响生命的品质呢？

老子用"名与身孰亲？身与货孰多？得与亡孰病？"三个反问句揭示了问题所在。在现实生活中普遍存在着对物质和金钱的过度追逐，对荣誉和影响力的孜孜以求，对权力和地位的明争暗斗，其结果往往是失败者心灰意冷、怨天尤人，甚至铤而走险；成功者一旦成功也是侥幸，导致积怨甚多、心力交瘁。面对这样一种可以预见的结果和人世间反反复复上演的场景，就连老子也忍不住有了情绪，用三个反问句来表达对"天下失道已久"的感慨。

老子对失道的现象进行了陈述，得出了"甚爱必大费，多藏必厚亡"的结论，常人对金钱、荣誉和地位这些俗物的过分贪求和过多的积累必然带来损害，这不就是老子常说的"祸兮，福之所倚，福兮，祸之所伏"的辩证法吗？这不就是老子所说的"独立不改，周行而不殆"的天下大道吗？

通过对这种现象的陈述和分析，老子不但推导出了结论，更是总结出了符合大道的经验和教训。老子曾经用"天长地久"来描述大道的本质特性，在这里引申为长久。大道从亘古以来就存在至今，不可谓不长久。人既是万物之灵，也是大道化生的对象，逻辑上就决定了人的生存和发展一定要契合大道才能做到天长地久。人不可能真正做到天长地久，所以我们有长寿之说。长就是久的意思，"不失其所者久，死而不亡者寿"就是老子所说的长寿。

如何做到长久、长寿呢？遵循大道的行为做到长久就是德，也是得。老子的观点是"知足不辱，知止不殆"，知道满足的人不会受到伤害，知道适可而止的人不会遇到危险。

五

清静为正的不见而明

教化百姓是两方面的事情，一个方面是统治阶层，一个方面是百姓。各级官员的分工和职责不一样，对他们的具体要求也不一样，但是他们施政所遵循的道理却是一样的，如"政在养民"，"临下以简，御众以宽"，"罚弗及嗣，赏延于世"，"宥过无大，刑故无小"，"罪疑惟轻，功疑惟重"，等等。百姓虽有渔樵耕读之分，有士农工商之别，但是所遵循的道理是一样的，都希望国泰民安、天下太平，没有苛捐杂税，希望不误农时。

各级官员可以遵循相同的道理，天下百姓可以遵循相同的道理，那么各级官员和天下百姓是否也能遵循相同的道理呢？如果做到了这一点，老百姓就理解了官员，官员就理解了百姓，两相理解是为心灵相通，意见能够相互达成一致，天下治理也就容易多了。

也就是说，要找到官员和百姓的"最大公约数"，那么这个"最大公约数"是什么？是共同遵守尊崇的道理。就是内涵丰富的"清静"之说。这在《道德经》第四十五章中有深刻的阐释。

大成若缺，其用不弊。大盈若冲，其用不穷。大直若
屈，大巧若拙，大辩若讷。躁胜寒，静胜热。清静为天
下正。

天下大道尽善尽美，虽看起来总好像有缺陷，但是其作用
永无止息。大道像泉水一样因汩汩涌流而表现虚空，但是它的
作用永无穷尽。符合大道的笔直，看起来却是曲折的样子。大
道的变化巧夺天工，但看起来好像缓慢甚至于拙笨。天下大道
丰富而深刻，但说出来却显得很木讷。躁可以胜寒，静可以胜
热。以守静持柔、无为不争之德来治理天下国家是为正道。

这一段文字连续出现了五个大：大成、大盈、大直、大巧、
大辩。常人对此的理解有很大的不同，就在于对这个"大"字
的理解上有分歧。在这里，绝大多数人都把这个"大"字当成
了形容词，也就是接近于"最"的意思。对"大"的理解恰恰
是问题的关键。对本段的理解可以有三种思路。

第一个"大"的后面是"成"，第二个"大"的后面是
"盈"，第三个"大"的后面是"直"，第四个"大"的后面是
"巧"，第五个"大"的后面是"辩"。如果把"大"当作形容
词，这里的"成""盈""直""巧""辩"就可以理解为名词，
这五个"大"也就可以理解为最完善的、最饱满的、最率直的、
最智巧的、最善辩的。但如果把这五句话理解为五个完整的句
子，"大"就是主语，"成""盈""直""巧""辩"就是谓语了，
这样理解的话，这五句话的意思分别为大道完美、大道充盈、
大道直率、大道智巧、大道善变，以此可以表示为对大道特性
的认识。

第三种情况，我们可以理解为五句话的中间都省略掉了一

个谓语，这个被省掉的谓语可以用"是"来替代，那么"成""盈""直""巧""辩"又成了宾语，整个句子的意思就成了大道是完美的、大道是充盈的、大道是率直的、大道是智巧的、大道是善辩的。

按照古文言文的特点，最贴近于老子本义的理解应该是后两者。后两者虽在理解上有所不同，但区别不是很大。而后两者有一个共同的特性，就是要把这里的"大"理解为大道。

老子在探究大道本原、本体和本性的时候，提出了道的概念，同时也提出了大、逝、远、返等概念作为"道"的同义词，所以这段文字中出现的"大"宜作为大道本身来理解。

"大成若缺，其用不弊"。天下大道是完善的，完美的，但在人看起来却好像不完整，总是有这样的不满，总是有那样的缺陷。尽管如此，天下大道的作用永远不会停顿，永远不会衰竭，亘古到今一直都在发挥着作用，使得生命生生不息、绵绵不绝。

"大盈若冲，其用不穷"。这句话和《道德经》第四章的"道冲，而用之或不盈"相一致，都在说大道的特性。冲通"涌"，表示水汩汩涌流而出的样子。大道像泉水一样，虽汩汩涌流而表现出虚空，但是它的作用"似万物之宗"而永无穷尽。

"大直若屈"。世界上没有绝对的直，世界万物的屈、曲实则为常态。那些符合大道的事物在发展方向上看起来是笔直朝前的，但实际上却是经历曲折的过程。在一个相对小的时空尺度内，它看起来是直的，而置于一个相对较大或者超大的时空来看，它又是曲的，因为万物必然要回归，这是"周行而不殆"的天下大道特性使然。

"大巧若拙"。我们常常赞叹大自然的鬼斧神工，会经常说巧了、巧了。有时候我们也感叹造物主的神奇，会经常说神了、神了。世界上的一切都是大自然的创造，囿于时空的局限，虽然我们会经常感叹其巧妙和神奇，但大自然的变化却是缓慢的，表现出来甚至于拙笨。

"大辩若讷"。老子提出过"知者不言，言者不知"，也提出过"善者不辩，辩者不善"。所谓知者就是智者，指通晓天下大道的圣人或君子。天下大道是丰富而深刻的，古往今来没有几个人能说得清，就连老子也是"强为之言"，勉勉强强地说，还经常用比喻让我们去领悟，这就显得很木讷。

"躁胜寒，静胜热，清静为天下正"。一年有不同的季节，所谓"春游芳草地，夏赏荷花池。秋饮菊花酒，冬吟白雪诗"，这道出了一年四季的特色和美景。春暖花开，夏热蝉噪，秋风萧瑟，寒冬凛冽，其中寒、热是大自然之气候，对人的身体、生活有影响。常人如何对待呢？适合大道之心念，可以应对外来环境的变化。人的思想意念是强大的，思想意念强大的人可以抵御寒冷，清静无为的内心可以抵御炎热，是为"心静自然凉"，所以以守静持柔、无为不争来治理天下国家是为大道之用。

如何做到"清静为天下正"呢？《道德经》第四十七章提出：

> 不出户，知天下；不窥牖，见天道。其出弥远，其知弥少。是以圣人不行而知，不见而明，不为而成。

通晓了天下大道，就能够做到不出门，就能够知晓天下大事；不开窗，就能够了解大道变化。走得越远，大道就懂得越少。所以圣人不远求而知天下，不眼见而明白事理，不妄为而有所成。

自老子以降，对《道德经》和大道的研究一直成为古代中国传统文化之一脉，秦汉时期的《素书》就是一支。《素书》是何人所写、何时所写俱不得而知。目前为止，只知道是秦汉年间一位叫黄石公的隐士传下来的，最初是传给汉留侯张良。张良死后，《素书》藏于玉枕之中随其下葬。在晋朝动荡时期，张良的墓葬被盗，《素书》得以重见天日，流传至今。

《素书》认为，一切大道都寓于最简单而朴素的事物中。如果认识大道就能顺天应人，终有所成。关于大道，《素书》认为是"离有离无之谓道，非有非无之谓神"。大道是惚兮恍兮、若有若无地存在万物中，察辨万物的奥秘可以称作"得道"，通晓有无之道可以称作"神明"。

《素书》依据对大道的理解和把握，把"勤而行之"的人称为"圣贤"。什么是圣贤呢？《素书》认为"有而无之之谓圣，无而有之之谓贤"，把能够从"有"达到"无"的境界的人称为"圣人"，把能够从"无"达到"有"的境界的人称为"贤人"。

"不出户，知天下"。按照《素书》这个说法，三国智哲贤相诸葛孔明就属"不出户，知天下"的贤人之列。汉朝以来研究辞章成为时尚，真正懂得天下大道的人少之又少。诸葛亮对先贤哲人的大道思想有所了解，所以能够做到"不出户，知天下"，最终赢得了"功盖三分国，名成八阵图"的美誉。

诸葛亮又是如何做到"不出户，知天下"的呢？做到这一点是有条件的，秘密就在于"不出户"，但又不能止于"不出户"。关键看你"不出户"在干什么。

从《隆中对》我们可以看出，诸葛亮不出户，但对天下事势已然成竹在胸。他了解董卓、曹操、袁绍、孙权、刘璋、张鲁之德能，知晓中原、江东、荆益、汉沔、南海、巴蜀之地理，明白天下之大势。彼时的刘备在群雄逐鹿中势单力薄，连一个栖息之地都没有，但诸葛亮明于强弱之道，能于强处看到弱处，于弱处看到强处，于无处看到有处，于有处看到无处，最后帮助刘备实现了"三分天下有其一"的战略构想，是为典型的"无而有之之谓贤"的贤相。

从上下文的联系中，我们知道"不出户，知天下"是虚指，实际是为下一句"不窥牖，见天道"作铺垫。牖是什么意思呢？《韩非子·喻老》有言："空窍者，神明之户牖也。"户牖是指门窗，那么牖就是窗户的意思。进进出出是户，那窗呢？在当时，只有推开窗户才能和外界相通。当然，现在不开窗也可以看外面，只要有透明玻璃窗。"不窥牖"为什么能"见天道"呢？结合上下文，我们可知，门和户指的是一个意思，知和见也指的是一个意思，前一句为后一句做铺垫，两句的中心和重点在后一句。

要理解这两句，首先得理解老子的基本主张。老子主张清静无为，"不出户"和"不窥牖"是信守大道而清静无为的行为。知天下是虚指，见天道是实指，是重点。道不远人，生活中时时处处都有道的存在。那么，究竟什么是道？《道德经》第二十五章有对大道的描述："有物混成，先天地生，寂兮寥兮，独立不改，周行而不殆，可以为天下母。吾不知其名，字之曰道，强为之名曰大。"大道化生万物，万物尊大道为其本原。大道具有"独立不改，周行而不殆"的特性。所谓"独立不改"重在描述大道的客观实在性，这种客观实在性不因外力存在而改变，因为万物都是由它化生出来，是自在、自有、自永而无条件的存在，是先天性的存在。

明白了这样一个道理后，不用走出家门就能够体会天下大道的存在。大道不是知识，不能够像学知识一样学习大道。大道和知识的积累恰好相反。知识越积越多，所谓读万卷书、行万里路就是积累知识、学习知识的重要途径。大道却不然，大道属于"其出弥远，其知弥少"。也就是说，有时候有些人知识越积越多，就会越来越变得善于智巧，人的思维也会变得越来越复杂，自然而然就会逐渐远离先天所具有的淳朴本性。

老子针对践行大道有一个诀窍，那就是"损"，朝着做减法的方向一路前进，"损之又损，以至于无为。无为而无不为"。所以我们如果按照积累知识的方法去践行大道，去读万卷书、行万里路，那我们走得越远，越容易远离大道。

我们常常不说学道而说悟道、修道，主要在于大道和知识两者是本末关系。悟道和修道关键在于一个"静"字。所谓"知止而后有定，定而后能静，静而后能安，安而后能虑，虑而后能得。物有本末，事有终始。知所先后，则近道矣"。

不行、不见、无为都是静的体现，就是不滥行、不滥见、不滥为，就是不妄行、不妄见、不妄为。圣人遵循大道，可以做到不行而知，不见而明，不为而成。在这里，老子还是以官员主体的身份谈论为政之"清静"。"清静"也是百姓所能知晓并遵循的准则，这就是老子论及的"清静"教化观。

第十章 老子的战争观

不以兵强天下的智慧

用兵善胜的不争之德

胜而不美的战争礼制

屈人之兵的取胜之道

不为人先的生存之宝

"国之大事，在祀与戎"。祭祀天地祖先圣灵和用兵打仗是一个国家的大事，需要谨慎对待。战争是政治的延续，所以战争本质上是政治的一部分。关于战争，老子提出了"以奇用兵，以无事取天下"的政治主张。

老子对于战争的基本主张是"弭兵"，这和老子的大道主张高度契合。老子主张淳朴而不主张智巧，主张守静而不主张妄动。老子不仅主张"清静为天下正"，而且还认为在动静交织中常常是以牝胜牡、以柔克刚、以弱胜强。基于这个道理，老子不主张用兵也就可以理解了。

如果用兵不可避免，老子的态度又是什么？那就是以奇用兵。结合《道德经》上下文，我们知道以正治国、以奇用兵中的正和奇是相对的概念。"正"是不偏不倚，清静而不喧闹、淳朴而不智巧，引申为走大道。而"奇"的意思恰好相对，本来"奇"就是"畸"的同义，在军国大事中因为"兵无常势，水无常形"而引申为"不守常道"。

老子的战争观非常丰富，包括不以兵强天下的智慧、用兵善胜的不争之德、胜而不美的战争礼制、屈人之兵的取胜之道、不为人先的生存之法等。

一

不以兵强天下的智慧

中国古代历来不崇尚武力而推崇以德治天下，其主要原因在于天道思想在政治上的影响。古人认为，国家治理最大的确定性在于上天，所谓"顺之者昌，逆之者亡"就是这个道理。万事万物都有客观对立的两面，当君主认为失去天道或者战争属于"不得已而为之"的时候，国家之间难免会发生战争，君主往往会通过战争的手段来加强统治的确定性和体现天道。在治理天下的时候，君王和辅佐君王的守道官员不会轻言动兵来实施威慑统治，这还在于对战争后果的教训和经验总结。老子提出了战争属于不道的观点、对战争后果的论断以及对战争的系列观点。关于战争的基本观点和主张，《道德经》第三十章提出：

> 以道佐人主者，不以兵强天下，其事好还。师之所处，荆棘生焉。大军之后，必有凶年。

辅佐君王的守道官员，不会轻言动兵来实施威慑统治。天下之事经常回环往复，说不定什么时候就轮到自身。战争之后往往会百业凋敝、赤野千里、生灵涂炭。

基于战争带来的灾难性后果，老子进一步提出了对战争的鲜明态度，他在该章中继续指出：

善有果而已，不敢以取强。果而勿矜，果而勿伐，果
而勿骄，果而不得已，果而勿强。物壮则老，是谓不道，
不道早已。

老子认为，遵循大道而善于征战，达到目的就行了，不要
依靠军事强力来逞强，所以主张战争取得了胜利也不要自高自
大、自吹自擂、自以为是。动武也是迫不得已的选择，更不可
以武逞强。事物的发展达到了强盛之时，也就开始了走下坡路
的时候。过于强盛是背离大道的表现，其结果必然是早早衰落。

老子是有道之人，他作为政府官员在论述道的时候自然脱
离不开自己的身份，他既把行道的希望寄托在开明的有道君主
也就是圣人身上，也寄托在"佐人主者"也就是辅佐君王的有
道官员身上。

"国之大事，在祀与戎"。在中国古代，祭祀祖先神灵和行
军打仗是国家的两大重要政事。古人对军国大事慎之又慎，用
兵打仗是涉及国家安危才考虑的最后手段，认为"兵者，国之
大事，死生之地，存亡之道，不可不察也"。老子一贯认为"兵
者，不祥之器……不得已而用之"，"兵强则不胜，木强则折"，
所以提倡"以道佐人主者，不以兵强天下"，老子深知战争的后
果常常是"师之所处，荆棘生焉；大军之后，必有凶年"，所以
更加主张慎言用兵了。

在军事问题上，老子是慎之又慎，认为军事力量是"不祥
之器"，一个国家的强大，并不是以军事实力、兵强马壮为
标准。

老子认为，遵道守德是天下运行的核心和基础，依据大道
来治理国家是根本途径，用其他方式来治理国家只是手段，用战

争方式解决问题更是迫不得已的行为，本末不能倒置。在西周后期，各诸侯国之间相互攻伐，所倚靠的就是军事实力。所以很多人认为，治理一个国家主要靠强大的军事实力。而老子认为，一个国家的兴旺发达，归根结底还是要靠大道。

一个不守天道的朝代和国家恰恰喜欢强力统治。什么是强力统治，就是依靠强有力的手段而不是道德治国，对内实施严苛的铁腕统治政策，对外实施武力威慑，穷兵黩武没有宁时。选择强力统治的原因是什么？首要的原因是心里没有大道，根本原因在于不自信，对现实的把控缺少自信，所以要通过内外的强硬政策来寻找确定性。在出土的殷商时期的甲骨文中，商朝后期占卦问天的记录越来越少，这表明失德商王的祈求很难得到来自上天的回应，因此他认为上天抛弃了自己，所以就依靠自己来寻找统治的确定性，在统治方面就通过政治高压、武力炫耀而"强"起来。

老子反对"以兵强天下"，那是因为天下大道"夫物芸芸，各复归其根"，"其事好还"。军事实力是一把双刃剑，用得不好，难免伤及自己。老百姓惧怕军队、警察、法庭、监狱这些暴力机构，这些暴力机构是被人所控制的，可以施加于老百姓，在某些特殊的时候也可能施加于统治者本身。

老百姓对国家暴力统治是有承受限度的。当老百姓对暴力治理的忍受超过了一定的限度，情绪就可能反弹，人心就会发生沸怨，"防民之口，甚于防川"的道理就是如此。

一个国家凭借军事实力在世界上称王称霸的时候，难免会各方树敌。"天地尚不能久，而况于人乎"，历史上称王称霸的国家往往是"你方唱罢我登场"，春秋时期有"春秋五霸"，战国时期有"战国七雄"。人治的结果往往会导致人亡政息，一个强大的国家倒下之后，其他国家也必然会称王称霸以填补空白。

"其事好还"。世间万物虽形态各异，但有共同遵循的大道，那就是万物杂陈，各自运转却最终还是要回到初始的状态，是谓"其事好还"。我们有时候可以称之为"尘归尘，土归土"，也可以称之为"爱出者爱返，福往者福来"。

有足够人生阅历的人往往会有这样一种感觉：人家对我说的话为什么这么熟悉？孩子的行为举止呈现的模式为什么如此眼熟？殊不知人生就是如此的奇妙，你过去曾对人家说过的或好或坏的话，在若干年后的另外一个场合，另外的人也会用同样的话来对待你。你若干年前的所为已经忘却脑后，但若干年后在子女的身上你却又看到了当年的自己，这就是"其事好还"。

"师之所处，荆棘生焉。大军过后，必有凶年"。战争的后果不是任何国家都能承受的，各个国家对战争可能带来的后果也是非常之清楚，所以对于战争的态度是慎之又慎。《孙子兵法》指出，国家与国家之间的冲突不可避免，"百战百胜，非善之善也；不战而屈人之兵，善之善者也"，因此"上兵伐谋，其次伐交，其次伐兵，其下攻城"。"攻城之法，为不得已"的最后手段。

战争是极具破坏性的，会导致老百姓流离失所，大片的土地因没人耕种而沦为荆棘之地。战争还会带来诸多次生灾害，令生产破坏、疾病频发、瘟疫流行、贫困人口增加、社会动荡不安。

遵道行德的统治者对于战争是慎而又慎的，小一点的战争会导致损兵折将、国家颜面无存，严重一点的战争甚至会带来灭国之灾。所以"正善治"的人不会轻言战争，不会轻易发动战争，但是会遵循"凡事预则立，不预则废"的道理为战争做好充分的准备，打造国之利器且"国之利器不可以示人"。

人心思定，天下思安。以和平的方式而不是战争的方式解决国与国之间的争端是仁政的表现。《论语》记载了子贡问政于孔子如何治理国家的事，孔子提出了治理国家的三个基本方面：
"足食，足兵，民信。"子贡追问："必不得已而去，于斯三者何
先？"也就是说，三方面中如果一定要去掉一方面，只保留两个
方面的话，可以首先去掉哪一方面？孔子认为"去兵"为先。
子贡继续问道："必不得已而去，于斯二者何先？"老子认为是
"去食"，因为"民无信不立"。

有道之人，不轻言用兵，不轻易用兵。如果迫不得已发生
战争，在取得了胜利之后，又该如何做呢？老子认为，发动战
争是迫不得已的行为，用兵不是为了逞强，只要是能够解决问
题、达到目的就可以了。取得战争胜利后不能自大，不能自夸，
不能骄傲，不能逞强。

大道遵行持柔守静之道，用兵不符合持柔守静之道，所以
有道的战争是不得已而为之的行为。老子认为，主动挑起战争
是肆意妄为的行为，不管起因是什么，国家与国家之间的争端
有多种沟通交流的方式，有各种处理问题的方法。摒弃和平的
方法而用战争的方式来解决问题，最终不但不能解决问题，反
而会遗留大量问题，这就是老子认为的"和大怨，必有余怨"。
国家战争机器的存在不是为了以兵强天下，而是为了保家护国，
为了保证国家的安全、人民的利益、社会的稳定。

老子从用兵的双方能够看出一场战争的性质，能够区分正
义的一方和非正义的一方。正义的一方往往是被动的、得道的，
非正义的一方往往是主动的、失道的。遵道守义是人类社会公
认的法则和价值追求，能否符合道义是君子与小人、正义与非
正义行为的重要分野。得道得人，失道失人，得道者多助，失
道者寡助，所以孟子说"三里之城，七里之郭，环而攻之而
不胜"，原因何在？关键在于是否符合道义。

孟子认为决定战争成败有天时、地利、人和诸方面的因素。

在三者关系和权重的认识上，孟子认为天时不如地利，地利不如人和。何来人和？得道。所谓"得道者多助，失道者寡助。寡助之至，亲戚畔之。多助之至，天下顺之。以天下之所顺，攻亲戚之所畔，故君子有不战，战必胜矣"就是这个道理。

一个国家需要有强大的军事实力来维护。"揣而锐之，不可长保"，一个事物达到极致之时也是走向衰弱之初。一个国家需要有强大军事力量来维护自身，但强大到了极点，不符合道的军事实力和军事运用往往会带来祸患。"秦王扫六合，虎视何雄哉！挥剑决浮云，诸侯尽西来"，统一六国之后，秦朝保留了天下最强大的军队，但并没有保证秦朝政权千秋万代地传下去。不符合大道的力量往往也是历史前进的负累，正所谓"物壮则老，是谓不道，不道早已"。

二

用兵善胜的不争之德

不管是治国还是用兵，老子主张守静持柔，这符合大道的普遍规则。那么在战争中如何遵循守静持柔之道以达成战争的目的呢？《道德经》第六十八章提出：

> 善为士者，不武；善战者，不怒；善胜敌者，不与；善用人者，为之下。是谓不争之德，是谓用人之力，是谓配天古之极。

　　善于带兵的人不会逞强，善于打仗的人不会动怒，善于克敌制胜的人不给对方以机会，善于用人的领导甘居人下。这就是不争之德，符合天道，是自古以来的最高准则。

　　老子在这里谈论的还是政治，并且侧重于军事斗争。一方面，老子对军事斗争常持否定态度，认为兵者是"不祥之器，非君子之器"；另一方面，老子又认识到在现实政治中不管是维护统治还是维护国家的安危都离不开军事。军事的存在是客观且必要的，那如何去应对呢？老子提出以大道守静、持柔、无为、不争的原则指导军事行动。

　　"善为士者，不武"。一个优秀的将领深深懂得"兵无常势，水无常形"的道理。战争的形势瞬息万变，带兵打仗需要有冷静的头脑。一个优秀的指挥员是一个"无我"的指挥员，因为一切决策和行动都建立在对事实的判断基础上，因此在带兵打仗的时候往往能够依照局势的变化、敌我力量的对比和所处的具体环境来考虑问题，在诸要素之间作出取舍和选择，而不是靠自己的主观感受去臆断事势，也不靠自己的情绪去逞强好胜。

　　《孙子兵法》曰："主不可以怒而兴师，将不可以愠而致战"，一国之君不可因自己的情绪、一时的愤怒而挑起战争，将帅不可因一时之气摆开架势就打仗，如"冲冠一怒为红颜"的战事在历史上也不少，往往也没有什么好的结果。

　　一个优秀的军事家必然没有明显的情绪特征。如果需要有明显情绪特征的话，那就是冷静，一切军事行动都以战场上的态势来决定，不会妄动、盲动，因此不会轻易露出破绽，不会轻易给对手以机会。

　　一个优秀的领导者具有谦下的品质，往往能够以其强大的人格力量聚集更多人才。俗话说"一个篱笆三个桩，一个好汉三个帮"，成就大事绝对不是个人力量的结果，而是集体智慧的结晶。一个善于统帅他人的人往往是能够做到居于其下的人，是能够看到别人长处的人。

在斗鸡场上，内行的人都知道斗鸡的好孬。一般来说目光炯炯的鸡、气势汹汹的鸡、紧张好斗的鸡都是好斗鸡，但是境界最高的鸡却是那些看起来有些呆头呆脑、不动声色，就像木头鸡一样的鸡，就是我们常说的"呆若木鸡"的鸡。这一类型的斗鸡一到角斗场上，就能进入到完美的境界，常常是战无不胜。

兵马俑不武。在秦始皇陵巨大地宫中出土的兵马俑中，有相当部分的兵马俑虽然采取的是手持武器的蹲姿，但却目光炯炯，看起来英勇神武。司马懿也是遇事冷静，情绪稳定，面对诸葛亮派使者送来的女人衣服，他坦然接受并当着使者的面穿上，对使者也是哈哈大笑。刘备也很冷静，其最大的品质是谦虚，是善为人下。在打仗就是砸钱的年代，刘备资本薄弱，但是能够三分天下有其一，靠的就是善为人下，靠的就是有几个生死与共的朋友。

刘邦不怒。楚汉战争中，项羽要把刘邦的父亲煮了做肉羹，刘邦却要求分一杯羹给他。在楚汉最终的决战中，刘邦战胜了项羽，建立了大汉王朝。汉朝建立后，汉高祖刘邦总结其成功的原因，认为"夫运筹策帷幄之中，决胜于千里之外，吾不如子房；镇国家，抚百姓，给馈饷，不绝粮道，吾不如萧何；连百万之军，战必胜，攻必取，吾不如韩信"。刘邦得天下主要在于善于用人，善于"为之下"，结果就是他团结了许多智力、才能、谋略都高于他自己的人才，最终成就了建国大事。老子所说的"不武""不怒""不与"和"为之下"是大道在军事中的运用。

善于用人，甘居人下，这是自古以来合乎天道的用人准则。作为领导者相对于下级是"君"，相对于上级是"臣"，领导拥有诸多的资源、相对的权威，所以下属需要有对上级的服务和服从。你拥有了资源，拥有了相对较高的地位和权威，也就拥有了比下属多得多的实惠和好处，你就成了别人眼中羡慕嫉妒恨的对象，因此也就更需要时刻警醒自己，在各方面做到谦下。

谦下的品格要求我们，拥有了地位就需要有谦卑的言辞与之相配，拥有了资源就需要有人文的关怀与之相配，拥有了权力就需要有谨慎的做事风格与之相配，拥有了财富就需要有与人同乐的情怀与之相配。

在众星捧月的氛围中需要有头脑的清醒，在志得意满的时候要谨记艰苦奋斗的时光，在一帆风顺的年代需要有居安思危的警醒。要谨记有和无、谦和满、益和损永远都是一对孪生兄弟，这就是"须臾不可离"的"道"。

"大智若愚"，"大巧若拙"，"大勇若怯"，真正有大智慧的人表现出来的也许是愚钝，真正有高明技巧的人看起来显得笨拙，真正勇敢的人往往被别人误解为胆怯，其实这就是"不争之德"。善于克敌制胜的人不给对方以机会，善于用人的领导甘居人下，这也是不争之德，这是自古以来符合天道的最高法则。

三

胜而不美的战争礼制

考虑到战争带来的灾难性后果，老子提出了"不以兵强天下"的基本观点。但如果战争不可避免，那如何对待战争呢？老子提出，如果不得已发动战争或应对战争，还是要遵循大道原则，这在《道德经》第三十一章中有深刻的阐述，足为今天的我们所借鉴。

> 夫佳兵者，不祥之器。物或恶之，故有道者不处。君子居则贵左，用兵则贵右。兵者，不祥之器，非君子之器。不得已而用之，恬淡为上，胜而不美。而美之者，是乐杀人。夫乐杀人者，则不可以得志于天下矣。

用兵打仗是不祥的事，遵道守德的人更加不会轻易地使用战争这个手段。君子礼节崇尚左尊右卑，日常生活中以左为尊，而带兵打仗以右为贵。用兵不祥，不是君子所用的手段，若迫不得已而用兵，要适可而止。君子懂得"一将功成万骨枯"的道理，知道用兵就算取得了胜利也不会好到哪里去，一旦以战争为快那是热衷于杀伐，乐于杀伐之人是不可能得到天下人心的。所以，战争的礼节和平时是不一样的。

战争往往是一个国家的行为，需要有一定的仪式，表现出来就是战争的礼仪。礼仪是一种形式，在某种程度上代表着秩序。周朝初年制定了完善的礼仪规范，是为礼制。老子把战争过程中的系列礼制视为"丧礼"，提出了系列对待战争的礼制规范。在《道德经》第三十一章，老子这样论述：

> 吉事尚左，凶事尚右。偏将军居左，上将军居右，言以丧礼处之。杀人之众，以哀悲泣之。战胜，以丧礼处之。

这段话的意思是说，传统礼制认为吉祥的事情以左为尊，凶险的事以右为贵，所以在行军打仗中，偏将军居左而上将军居右，把行军打仗当作丧事来处理才合道。战争中杀人过多，应该心存怜悯悲哀，取得了胜利也应该以办丧事的礼节来对待。

天下大道是有秩序的。春生夏长、秋收冬藏、寒来暑往、循环往复都是天下大道有秩序的表现。西周初年，周公、毕公等周王室肱股大臣集体制定了完备的治国礼制，以不同的礼制来规范各类行为，是为周礼。礼乐制和分封制构成了维护西周统治秩序的重要政治制度。

君子为什么认为战争是胜而不美的事呢？君子认为天下大道是仁爱的，大自然对人类的供养是足够的，之所以会发生争执，就是因为人有私欲，抛弃了道义和仁爱，以致最后发生了战争，这样的人为和天道是完全相悖的。何况战争会带来人员的死伤、社会秩序的混乱和瘟疫的流行。即使战争取得了胜利，所有人都知道"一将功成万骨枯"的道理，遵道守德的人是开心不起来的，他们所看到的是胜利背后的社会牺牲、荣誉背后的家破人亡。

在战争中以战争为乐、在社会中以杀伐为快的人是不道德的，不道德的人想有志于天下是很困难的事，这是因为得道多助，失道寡助的道理使然。这在历史上有很多典型的案例。想得到天下的人必然会有所逞强，逞强就会失去道义，失去道义就会失去人心。以杀人为乐的人往往会对反对他的人痛下杀手，甚至以此为乐，这类教训在历史上数不胜数。

商朝末期，商纣王把三公一个处死、一个流放、一个囚禁，他还制作了炮烙之刑，打造了酒池肉林，最后的结果是引来天怒人怨、众叛亲离、身死国灭。这些"乐杀人者"虽然可以逞一时之强，但也无时无刻不生活在恐惧之中，即便还有良心，也必然会时时受到良心的谴责而内心不得安宁。

在战争中不可以杀人为乐，以杀人泄愤，更不可以杀人为目的。人和天地万物间的其他生灵一样，都是天地的产物。在上天看来，生命面前人人平等。儒家认为，人之为人有多种德行，是为恻隐之心、羞恶之心、辞让之心、是非之心，儒家把人的这四心称为四端，认为"恻隐之心，仁之端也；羞恶之心，义之端也；辞让之心，礼之端也；是非之心，智之端也"。

秦朝末年，天下群雄并起，反抗残暴的秦朝统治。在战争后期发生了楚汉争霸，刘邦和项羽为了争夺天下而发生了最后的决战，战争的结果是项羽失败，乌江自刎。但在战争的开局中，刘邦和项羽却处于不同的态势，历史的天平似乎一直向着项羽倾斜，可是为什么最后刘邦取得了天下，而项羽落得个乌江自刎的下场？

原因是多方面的。在人类历史上，大规模屠城杀人的一方往往没有什么好的结果，因为这是违背天道的行为，天时地利人和与天怒地愤人怨带来的结果是完全不同的。秦赵长平之战，赵国大败，秦将白起坑杀主动投降的四十万赵人；秦末巨鹿之战，楚将项羽坑杀投降的二十余万秦国降卒。秦朝虽然一统江山，但最终也是寿数不长，成为中国历史上少有的短命王朝之一。楚汉战争的结果是项羽乌江自刎，其尸体被刘邦的手下所裂分，最后都没能够给自己留下一具全尸。

整体而言，在战争这个大问题上，老子基本上持反对态度，但也并非完全反对，因为战争有正义和非正义之分，迫不得已的情况下乃是慎战——这样也就能理解老子对战争的态度也是符合天道了。老子不是绝对反对战争，因此也强调了迫不得已用兵的时候应该如何表现。老子深知"物壮则老，老则矣已"的道理，体现了他面对现实问题时的无可奈何。生活在当时的现实世界，有如此的理智实在是难能可贵，同样也是何等的无可奈何。

不希望有战争，但是战争避免不了；希望能够遵循大道治国，但大道并不为人所重视。老子有很好的治国理念，却不被世人所接受，那就只剩下灰心失望，所以老子的挂职而去即便是"天下有道则现，无道则隐"的主动选择，也还是给人以一种"哀莫大于心死"的无可奈何之感。

好在老子又是清醒的。当遇到关尹的请求时，他也是毫不吝啬地把天下大道表达出来，使之传之后世。老子的战争思想给今天的我们以极大的启发，和平、和睦、和谐是中华民族几千年以来一直秉持的理念。老子对于战争的制止有着两方面的手段，第一是"以正治国"。在天下推行大道，以道义来说服人，把以道义治国作为治国之根本。第二是"以奇用兵"，这就表明，老子并不是反对所有的战争，老子反对的是一切非正义战争，就是一切非合道的战争。老子反对战争并不是消极的，而是积极有为，倡导"不以兵强天下""国之利器不可以示人"，如果迫不得已而用之，也是一战必胜、一击必中，所以说积极有为和好战必亡是两个完全不同的概念。

好战必亡是教训，"故国虽大，好战必亡；天下虽安，忘战必危"，《司马法·仁本》总结了中国历史上无数战争的经验教训，认为自恃国力强大而频频发动战争终究会自食苦果，而苟且偷安、懈怠战备同样会导致丧师失地，甚至国破家亡。

所谓的积极有为，那就是国家必须有自己的"国之重器"、镇国之宝。战争能不能避免，不能取决于本国。但是对于战争能不能打赢，这却取决于本国。国家不能好战，但一旦有了无可避免的战争则需以最好的准备来应对最坏的情况，这就叫有备无患。

四

屈人之兵的取胜之道

在老子的道德价值观中，用兵打仗是迫不得已的行为。如果迫不得已而用兵，也需符合"以奇用兵"的准则。所谓"兵无常势，水无常形"，行军打仗的形势是瞬息万变的，不能够以"静"待"动"，必须以变应变，以"智巧"应变，"智巧"就是"奇"，所以说要"以奇用兵"。在《道德经》第六十九章，老子阐述了战争取胜之道。

> 用兵有言，吾不敢为主而为客，不敢进寸而退尺。是谓行无行，攘无臂，扔无敌，执无兵。

兵家常说，我不敢主动有为，宁愿以静待动；我不敢逞强冒进，宁愿退避三舍。依据大道用兵，行军看不到行阵，投掷看不到臂膀；冲锋如入无人之境，困敌见不到部队。

在战争中有胜利就会有失败，失败的原因何在？老子认为失败的原因主要在于轻敌，主要在于背离了天下大道。

> 祸莫大于轻敌，轻敌几丧吾宝。故抗兵相加，哀者胜矣。

轻敌是用兵的最大危险，会使得战争法宝丧失殆尽。旗鼓相当的两军对峙，有道的一方往往能够赢得战争的胜利。所谓“吾不敢为主而为客”是指在战争中不要积极主动挑起战争，哪怕在两军对垒中，也要谨守“牝常胜牡”的道理，做到以静制动、以柔克刚、以弱胜强。“为主”就是积极主动，积极主动的一方常常会暴露自己的军事部署、兵力多寡、战术运用、人员配置、战略企图等诸方面的关键信息，给自己一方带来不利。

“为客”就是被动应对。战争不是吉事，不需要主动为之。老子深知战争的直接后果是“师之所至，荆棘生焉”，“大军之后，必有凶年”，所以老子主张无为，在军国大事上，首要是不主张战争，认为战争是不道的行为。另外，老子的无为不是完全不要战争，而是以消弭战争为目的，以“不战而屈人之兵”为最高准则，提倡“上兵伐谋，其次伐交，其次伐兵，其下攻城”的价值取向。

如果“伐谋”“伐交”而不得，在“伐兵”的问题上也要注重“不敢为主而为客”，“不敢进寸而退尺”。进攻后所遇到的情况不可知，而退却后所遇到的情况却可以把握，所以老子说不敢轻易发动进攻却敢于大踏步作战术上的后退，这就是要在战术上牢牢把握战争的主动权。

兵家的主要代表人物孙子对用兵打仗等军国大事的重要性作过“兵者，国之大事，死生之地，存亡之道，不可不察也”的论述，用兵打仗涉及国家的生死存亡，不可不小心谨慎，不可不战战兢兢、如履薄冰、如临深渊。常人很容易心存侥幸，在战争中最容易犯的错误不是对敌人估计不足而是对自己估计过高，哪怕只有百分之一的可能也容易有百分之百的侥幸，殊不知“勇于敢则杀”“勇于不敢则活”的道理在历史上常常得以应验。

在军事上不主动有为、不主动妄为常常可以做到以静制动、以退为进、以后为先、以守为攻。知道了这个道理，就能做到行军而不一定要有严密的队列，达到目的即可；知道了这个道理，就能做到不见军队就能拒敌于外；知道了这个道理，就能做到面对敌人却如入无人之境；知道了这个道理，就能做到好像还未见战斗部队就能困住对手。

老子主张"以正治国，以奇用兵"。什么是奇？古人认为"兵者，诡道也"，不按常理出牌，不走正道大道，如《孙子兵法》所说"能而示之不能，用而示之不用，近而示之远，远而示之近。利而诱之，乱而取之，实而备之，强而避之，怒而挠之，卑而骄之，佚而劳之，亲而离之。攻其不备，出其不意"。

任何事情都是有道的，商有商道，医有医道，战争也有道。《孙子兵法》认为，战争包含着道、天、地、将、法五个方面因素。这里的道，指的是战争有着道义基础，需要上下同欲，因为意见一致才能做到"可与之死，可与之生，而不危也"。《孙子兵法》中所说的"天"指的是时势，指的是阴阳、寒暑等条件。《孙子兵法》里所说的"地"指行军打仗所要关注的地理方面的远近、险易和广狭等。《孙子兵法》里所说的"将"指带兵打仗的将领的仁、信、智、勇、严等素质。《孙子兵法》里所说的"法"指的是各种规章制度、上下法令等。孙子认为在战争前通过对战争双方这五个方面的比较，就能大致判断战争的胜负。知道了"主孰有道，将孰有能，天地孰得，法令孰行，兵众孰强，士卒孰练，赏罚孰明"，就能够知晓战争的结局。

老子厌弃战争，但绝不等于完全拒绝战争，因为有些战争是解决政治问题的最后手段。但即使战争不可避免，老子还是倡导"不战而屈人之兵"。要做到不战而屈人之兵，就要高度重视在战前对道、天、地、将、法的把握。这个把握是双方面的，既包括对自己这几个方面的把握，也包括对对手这几个方面的把握。战国时期，秦赵两国战争期间，秦国施行反间计，散布秦军只怕赵括的谎言，使得赵王派去了"纸上谈兵"的赵括，最后酿成了战争的悲剧和国家的惨剧，这就是没能做到对敌我双方道、天、地、将、法的全面把握所致。

在战争中，最强大的敌人往往不是对手而是自己。常人往往高看自己，低估对手，所以容易造成轻敌。一旦有了轻敌的情况，那么己方的优势就会全部化解，从这个角度来说，主观方面的原因是最大的原因。所以有时候说，打败自己的不是对手而是自己，就是这个道理。

在战争中，旗鼓相当的对手在博弈的时候，特别重视战争准备的一方容易获得胜利，这又是为什么呢？老子提出的"哀者胜"又是什么道理呢？通过分析《孙子兵法》提出的道、天、地、将、法这五个要素，我们可以得出如下结论：从道的方面来说，战争有主动一方和被动的一方，被动的一方往往情绪悲愤而高亢，或是为了捍卫家园，或是为了国家尊严，或是为了道义，他们往往能够做到上下同欲一条心，这便符合了《孙子兵法》中的道。

如果战争的一方完全符合道义，在必要的时候往往能够得到外力的支持。因为上下同心，对战争高度重视，必然在时间、地理、气候、人员等多方面谨慎行事，这就为战争的胜利准备了充分的条件。因为战争符合道义，所以"哀者"一方能够做到"投之亡地而后存，陷之死地然后生"，是为"抗兵相加，哀者胜矣"。

五

不为人先的生存之宝

在战争中，生死存亡之际，如何保全自己呢？在《道德经》第六十七章，老子依据大道规则提出了三大法宝论：

> 我有三宝，持而保之。一曰慈，二曰俭，三曰不敢为天下先。慈，故能勇；俭，故能广；不敢为天下先，故能成器长。今舍慈且勇，舍俭且广，舍后且先，死矣。夫慈，以战则胜，以守则固，天将救之，以慈卫之。

三大法宝一个是慈、一个是俭、一个是不敢为天下先。正因为大道具有慈爱宽厚的品行，所以能够为了万物而表现出勇敢决断的品质。正因为大道具有俭朴的品质，所以各方面都有余。有余就能做到"有余以奉天下"，天下为"万物归焉而不为主"，可称为广大。正因为大道有"不敢为天下先"的特性，所以能成为万物的引领者。现在舍弃慈爱宽厚的品行而争强好胜，舍弃节约俭省的品行而欲有所为，舍弃守静持柔的品行而主动逞强，不会有什么好的结果。慈用于战争则胜，用于防守则固。上天想救助谁，就会借助慈爱来护佑谁。

天下大道具有"慈"的特性。慈就是慈爱宽厚。这种慈爱如阳光雨露之于大地，如君王之于天下，如长者之于晚辈，如父母之于子女，如师父之于徒弟。具体表现如大道对天下万物必不分彼此，一视同仁。

天下大道具有"俭"的特征。俭就是俭省、俭啬、节俭。万物来自大道，大道化生万物，没有任何东西是多余的，因此大道具有俭省的特性。

天下大道"不敢为天下先"。结合《道德经》上下文，能看出"不敢为天下先"包含守静、持柔、无为、不争之德。所谓守静，不是绝对的静，是老子所说的"吾不敢为主而为客，不敢进寸而退尺"。所谓持柔，也是相对的，柔是一种生命的特征，所谓"坚强者死之徒，柔弱者生之徒"。柔更是一种生命的能力，"强大处下，柔弱处上"，"柔弱胜刚强"。"不敢为天下先"是一种"无为"之道，是一种"不争"之德，是"长而不宰"。成为万物的引领者，这样在战争中往往能得以保全。

想要在战争中得以保全，老子认为还要有两个品质。在《道德经》第七十三章，老子提出了"勇于敢则杀，勇于不敢则活"的主张。

> 勇于敢则杀，勇于不敢则活。此两者，或利或害。天之所恶，孰知其故？是以圣人犹难之。天之道，不争而善胜，不言而善应，不召而自来，繟然而善谋。天网恢恢，疏而不失。

勇而表现刚强者死，勇而表现柔弱者生。这两个方面一个有利，一个有害。上天所厌弃的，谁知道其中究竟呢？大道崇尚不争，唯有不争才是长于胜利之道；大道崇尚守静，唯有守静才是长于应对之道；大道崇尚不言，唯有不言才是不召自来之道；大道崇尚安闲，唯有安闲才是善于筹谋之道。上天的安排就像一张天网，网眼粗疏，但是从来不会错过任何一件事，从来不会漏掉任何一个人。天道广大无边，冥冥之中一切皆有注定，一切皆有结果。

"勇于敢则杀，勇于不敢则活。"要想理解这两句话首先要理解"勇"和"敢"这两个字的深刻含义。在古代"勇"通"涌"，是指有东西从里面源源不断地冒出来，所以勇是一种内在的品质，而敢则是一种外在的行为。

勇被孔子称为君子的品格，表现为果敢。孔子提出君子有三大品格，这三大品格是仁、智、勇，孔子称"智者不惑，仁者不忧，勇者不惧"。

当儒家提出了仁、义、礼、智、信的君子人格之后，这种内在的勇的品质和"义"就相连了，提出"君子以义为上"。在这样的价值标准下，有义还是无义就成为判断勇的价值尺度，认为"君子有勇而无义为乱，小人有勇而无义为盗"。

为什么说勇和义密切相连呢？这是因为要考虑到勇的后果。勇作为一种内在的品质，敢作为一种外在的行为，两者结合就产生主动有为的行为。勇敢的行为是主动的、坚强的，却不是守静的，柔弱的，正如老子所说的"坚强者死之徒，柔弱者生之徒"，勇敢甚至会带来丢掉性命的严重后果。

君子有义，这是因为君子上有君王、中有妻室、下有后辈，不轻易言战、不轻易言死，这就是"勇于不敢"。勇于不敢就是表现为柔弱、谦卑、低调，就是守静、持柔，这就符合天下大道了。符合天下大道则活，所以说"勇于不敢则活"。

在战争中勇敢逞强往往会丢掉性命，勇敢而不妄为则能得以保全性命。一个会丢掉性命，一个能得以保全，一个是有利的，一个是有害的，如果让上天来决定，上天会有什么样的倾向和选择呢？上天又是如何来决定的呢？没有人能够说得清。

前文明明在说"勇于敢则杀，勇于不敢则活"，又说，上天厌恶那种"勇于敢"的行为，但是"莫知其故"，就是说不知道原因。为什么这里显得前后矛盾而突兀呢？老子没有进行进一步的分析，其中的原因我们也不得而知。以今天的思维来看，或许这是由于"勇于敢"和"勇于不敢"条件的复杂性吧。

在西周后期，礼崩乐坏，群雄并起，人民生灵涂炭，这个时候倡导回归天下大道，回归到西周初年的这种状态也只能是一种奢望了。如果这时候出现了"勇于敢"之人，以回归天下大道为己任，试问老子是支持还是反对？如果支持的话，就符合老子的理想，但同时会落入"勇于敢则杀"的境地。但如果不支持的话，就和老子倡导天下大道的思想相悖，这是一难。

如果圣人明明有能力使天下回归大道，但他却秉持"勇于不敢"的无为态度，对此上天是赞成还是反对呢？如果赞成，虽然可以做到"勇于不敢则活"，但是就不能实现天下大道的理想；如果反对，虽可以使天下回归大道，但是又会落入"勇于敢则杀"的境地，这是二难。

因为左也是难，右也是难，所以针对"天之所恶，孰知其故"这个问题，圣人也不知道答案。但是上天到底是什么样的意见呢？老子还是坚持天道，相信不争，唯有不争才是长于胜利之道；相信守静，唯有守静才是长于应对之道；相信不言，唯有不言才是不召自来之道；相信安闲，唯有安闲才是善于筹谋之道。"天网恢恢，疏而不失"。从字义上来看，上天的安排就像一张天罗地网，网眼有粗疏，但是从来不会错过任何一件事，从来不会漏掉任何一个人。一切正义都能得到伸张，一切罪恶都能得到惩处。

如何理解"天网恢恢，疏而不失"？这就有必要回到大道本身去理解。老子在《道德经》第二十五章论述了大道本原：

有物混成，先天地生，寂兮寥兮，独立不改，周行而不殆，可以为天下母。

这段话含有非常丰富的信息，其中"独立不改，周行而不殆"表达了大道的客观性、运动型、规律性。大道的客观性是不以人的意志为转移的，大道是运动的，这种运动是曲线运动，最终回归到原点。大道运行周而复始、永无止境，因此称"周行而不殆"。既然是周行，那么这一周到底是多长的时间，有多大的空间？是在这个生命周期之内，还是在这个生命周期之外？在事物的存在范围之内，还是在事物的存在范围之外？我们不得而知。但是大道给我们一个确切的答案，那就是冥冥之中一切皆有注定，一切皆有结果，这就是"天网恢恢，疏而不失"，这就是我们坚持"不为人先"的原因所在。

中国文化源远流长，中华文明博大精深。古老的中国有着百万年的人类发展史，一万多年的文化史，五千多年的文明史。文运和国运相牵，文脉同国脉相连。在新时代，弘扬中华优秀传统文化，赓续历史文脉，保护好前人留下来的文化遗产，坚定文化自信，实现中华优秀传统文化创造性转化和创新性发展，建设属于我们这个时代的中华文明，是我们这一代人的责任。

什么是中华优秀传统文化？如何认识中华优秀传统文化？我们可以从中华优秀传统文化所包含的神体、本体、特征和功用四个方面来理解。

第一，从"传"的维度看中华优秀传统文化的神体。中华优秀传统文化中能够传承下来的必然是全人类最宝贵的财富，必然是能够穿透历史，有着时间上的永恒性和空间上的广延性，为全人类所认可的文化，必然是对宇宙本体、本性和规律的共同认知成果，集中表现在宇宙观、天下观、社会观和人类共同的道德观中的文化。

第二，从"统"的维度看中华优秀传统文化的特性。中华优秀传统文化有突出的连续性、创新性、统一性、包容性、和平性，中华优秀传统文化如一棵古老而根深叶茂的大树，这棵大树历经了五千多年的风风雨雨，历经沧桑甚至劫难而屹立不倒。我们唯有把握中华优秀传统文化中最根性的特征才能理解中华优秀传统文化的核心要义，因为中华优秀传统文化有一个共同的来源，有一套共同的体系，有一套体现宇宙世界的共同准则，它们也必定指向人类文明的共同归宿。

第三，从"文"的维度看中华优秀传统文化的本体。能否制造和使用工具是人和动物的重要分野，而使用语言文字是人类文明产生的一个重要标志。中华优秀传统文化包含在中国古老文字的奥秘中，除了文字，人类所制作的各类器物、所形成的各种制度、所传承的各种精神指向于人与人、人与自然、人与社会等各种关系和奥秘的探讨，共同构成了中华优秀传统文化的主体内容。

第四，从"化"的维度看中华优秀传统文化的功能。现代学者钱穆和丰子恺都曾提出，人有物质生活、精神生活和信仰生活，完整的人生世界包含着物质世界、精神世界和信仰世界。中华优秀传统文化在人的物质世界、精神世界和信仰世界中，发挥着弘道化人的思想宝库、经纶世务的智慧源泉、定国安邦的文化资源等重要作用。

对中华优秀传统文化的探究和传承，宛如暗夜中的一支烛光，指引我探寻那茫茫的真理之路。烛光有限，真理无限；人生有限，世界无限，以有限的人生去探究世界的无限，本身就是一种精神上的探险。

"德不孤，必有邻"。在中华优秀传统文化的传承之路上，我从不孤独。在本书的创作过程中，我得到了中共浙江省委宣传部郑毅处长，中共浙江省委党校（浙江行政学院）郭亚丁教授、邱巍教授的亲自指点，得到了浙江红船干部学院王国华院长、徐连林副院长的大力支持，还得到了长三角地区党校校长论坛王凤良秘书长、施惠峰主任，云澜湾美术馆陆溶冰馆长的大力支持和帮助，在此一并表示衷心的感谢。

2023 年 12 月 15 日
于嘉兴南湖墨香斋